Van wet naar genade - Opdrachtenboek

Opdrachtenboek met meer dan 400 vragen

Timo Groot

Van wet naar genade - Opdrachtenboek
Opdrachtenboek met meer dan 400 vragen
Door Timo Groot

Voor meer onderwijsmateriaal en Bijbelstudies kunt u mijn website www.LivingGospel.nl bezoeken.

Copyright: Timo Groot
Fotografie: Canva
24 juni 2024: Eerste druk
Uitgever: Timotheus media

ISBN: 9789083440804

INHOUD

VOORWOORD

Veel Christenen leven in angst, veroordeling, pijn en verdriet. Zij hopen dat God hen vergeeft. Zij hopen dat wanneer zij hun ogen opendoen, zij in de hemel zullen zijn, maar zij weten het niet zeker. Dit is enorm verdrietig. God wil niet dat wij zo leven, God wil ons geloofszekerheid geven. In het studieboek komt dit goed naar voren. Aangezien dit een belangrijk onderwerp is, en het belangrijk is dat Christenen zeker weten dat zij vergeven en rechtvaardig zijn door hun geloof, en niet door hun werken, heb ik besloten om een opdrachtenboek te maken. Ik weet zeker dat dit onderwijs over Gods Woord jouw hele leven zal veranderen. Wil jij samen met mij de genade van God ontdekken?

Dit opdrachtenboek kan jij maken als zelfstudie of je kan dit gebruiken in een Bijbelstudiegroep of een thema-avond in de kerk. Wanneer jij het studieboek voorleest en de opdrachten en vragen samen met jouw groep maakt, hebben jullie prachtige Bijbelstudies, leren jullie veel van elkaar, en ontvangen jullie grote openbaringen over Gods Woord. Succes verzekerd.

In dit opdrachtenboek kan je verschillende soorten vragen verwachten. Er zijn vragen die gaan over de theorie van dit boek, vragen om een discussie te starten en reflectievragen. Dit boek is bedoeld om de theorie te begrijpen en toe te passen in jouw leven. Door de vragen zal je niet alleen kennis ontvangen in je hoofd, maar zal je het ook uitleven in jouw dagelijks leven.

Achter elk hoofdstuk staan de antwoorden van de theorievragen, zodat je zelf kan controleren of je een vraag goed of fout hebt beantwoord.

Ik wens jou veel succes en wijsheid toe bij het maken van de opdrachten.

BEGINVRAGEN

1. Welke begrippen die te maken hebben met de wet van Mozes ken je voordat je dit boek hebt bestudeerd?

2. Welke begrippen die te maken hebben met de zonde ken je voordat je dit boek hebt bestudeerd?

3. Welke begrippen die te maken hebben met de genade van God ken je voordat je dit boek hebt bestudeerd?

4. Waarom is het belangrijk om te weten wat er in de wet van Mozes staat?

5. Kan je in een paar zinnen het evangelie uitleggen?

6. Zijn gelovigen nog steeds zondaren?

7. Wat vind jij van de volgende stelling: 'Wanneer er genade wordt gepredikt, zal er meer gezondigd worden.'

8. Hoe kan jij Gods genade doorgeven aan de mensen om jou heen?

9. Wat is het verschil tussen rechtvaardig leven door je eigen werken of rechtvaardig leven door geloof?

10. Hoe ben jij tot geloof gekomen en waarom ben je tot geloof gekomen?

11. Komen alle zegeningen in jouw leven door God of heb je zelf ook verantwoordelijkheden?

12. Welke Bijbelteksten over Gods genade ken jij?

Antwoorden

1. Eigen antwoord. Denk bijvoorbeeld aan: de tien geboden, tabernakel, offers, zegeningen, vervloekingen, rechtsregels, eerste boeken van de Bijbel, etc.

2. Eigen antwoord. Denk bijvoorbeeld aan: erfzonde, de slang, je doel missen, straf, oordeel, pijn, verdriet, afzondering, etc.

3. Eigen antwoord. Denk bijvoorbeeld aan: gunst, vrijwillig, rechtvaardig uit het geloof, Heilige Geest, evangelie, etc.

4. Eigen antwoord. Bijvoorbeeld: De wet van Mozes laat de zonde zien en laat ons zien dat wij een Redder nodig hebben. Door de wet zien wij in dat niemand rechtvaardig is in Gods ogen, en wij Gods genade nodig hebben.

5. Alle mensen hebben gezondigd en zullen daardoor de eeuwigheid doorbrengen in de hel. Jezus, Gods Zoon, kwam naar de aarde en leefde een heilig en goed leven. Vervolgens werd Jezus aan het kruis geslagen om verzoening te doen voor de zonde. Jezus heeft de straf van de zonde gedragen. Na drie dagen stond Jezus op uit de dood. Wanneer iemand in zijn hart gelooft en met zijn mond belijdt dat Jezus Christus aan het kruis is gegaan voor zijn zonde en Jezus is opgestaan uit de dood, zal hij gered worden en is hij rechtvaardig geworden. Hierdoor kunnen mensen weer samen met God leven, zowel hier op aarde als later in de hemel.

6. Nee, gelovigen zijn geen zondaren meer, want ze zijn rechtvaardig geworden door het geloof in Jezus Christus. Gelovigen kunnen fouten maken, maar zij hebben geen identiteit van zondaar meer.

7. Eigen antwoord. Bijvoorbeeld: Ik vind dit een rare stelling. Het is juist Gods genade die ons rechtvaardig heeft gemaakt, en het is Gods genade die ons helpt om een rechtvaardig leven te leven. Gods genade betekent niet dat wij erop los zondigen, Gods genade helpt ons juist om heilig te leven.

8. Eigen antwoord. Bijvoorbeeld: door een heilige levenswandel te leven. Door de zegeningen die ik van God ontvangen heb door te geven aan anderen. Door in liefde te wandelen. Etc.

9. Eigen antwoord. Bijvoorbeeld: door rechtvaardig te leven door je eigen werken probeer je zelf op te klimmen naar de hemel. Als het ware accepteer je niet Gods genade en Gods cadeau van rechtvaardigheid. Door rechtvaardigheid uit geloof weet je dat jij Gods genade nodig hebt, en in geloof heb jij dit ontvangen.

10. Eigen antwoord.

11. Eigen antwoord. Bijvoorbeeld: Alle zegeningen in mijn leven komen door God, maar ik moest mij wel in geloof uitstrekken naar God. Ik heb alles ontvangen in genade en heb dit vastgepakt in geloof.

12. Eigen antwoord.

H1 DE ONTVANGEN WET

1. Wat vertelt Psalm 119 over de wet van Mozes en is deze Psalm positief of negatief over de wet?

Voor de wet

2. Waar of niet waar. De wet werd aan het begin van de schepping gegeven. Leg jouw antwoord uit.

3. Waar of niet waar. Voordat de wet van Mozes er was, was er ook geen oordeel of straf op aarde. God oordeelde pas na de wet. Leg jouw antwoord uit.

4. Wat was de positie en verantwoordelijk van Adam in de hof van Eden?

5. Waarom en hoe werd Eva geschapen?

6. Waarom moesten Adam en Eva de hof van Eden verlaten? Was dit Gods verlangen of kwam dit door Gods schuld? Leg jouw antwoord uit.

7. Noem 3 verschillen tussen Adam en Eva in de hof van Eden, en Adam en Eva na de hof van Eden in de wereld.

8. Waarom is het verbond van Abraham belangrijk voor de Israëlieten?

De verbondsmaaltijd

9. Waar of niet waar. God zag pas om naar de Israëlieten toen zij zich hielden aan de wet van Mozes. Voor de wet liet God hen aan hun lot over. Leg jouw antwoord uit.

10. De laatste plaag over Egypte was de dood van alle eerstgeborenen. Hoe konden de Israëlieten zich beschermen tegen deze plaag, zodat hun eerstgeborenen gespaard bleven?

11. Wat is de gelijkenis tussen het Pascha en het offer van Jezus Christus?

De woestijnreis

12. Waar of niet waar: Toen de Israëlieten uit Egypte trokken, verlieten zij Egypte met grote rijkdommen. Leg jouw antwoord uit.

13. Wat wordt er bedoeld met *'onder hun stammen was niemand die struikelde'* volgens Psalm 105:37?

14. Hoe ontving Mozes de kennis en het inzicht om rechtvaardig recht te spreken voordat de wet werd gegeven?

15. Hoe beschrijft Romeinen 2:14 de mogelijkheid om het goede te doen zonder de wet van Mozes te kennen?

De wet ontvangen bij de Sinaï

16. Wat was de rol van Mozes tijdens de ontvangst van de wet?

17. Hoe werd het verbond met God bekrachtigd in de woestijn?

18. Welke rol had het bloed van dieren in het verbond van God?

19. Waar of niet waar. Het volk van Israël was bang en angstig toen God de wet gaf aan Mozes. Leg jouw antwoord uit.

Discussie en toepassingsvragen

1. Welke waarde heeft een verbond voor God, kan God een verbond verbreken en beschouw jij een verbond net zo waardevol als God?

2. Wat kunnen wij leren van de positie van Adam en Eva in de hof van Eden? Beantwoord deze vraag voor de volgende onderdelen:
a. Relatie met God
b. Relatie met de schepping
c. Relatie met jouw (toekomstige) man of vrouw

d. Heerschappij
e. Gezondheid

3. Waarom waren er donderslagen, bliksemflitsen, een zware wolk en bazuingeschal op de berg aanwezig toen God neerdaalde om de geboden te geven? Waarom waren dit zulke heftige natuurverschijnselen?

4. Er zijn veel gelijkenissen tussen de Exodus en de wedergeboorte van een gelovige. Hoeveel gelijkenissen kan jij opnoemen? Probeer de gelijkenissen in korte zinnen te noteren.

5. Leer de volgende Bijbeltekst uit je hoofd:
'Door het geloof heeft hij het Pascha ingesteld en het besprenkelen met het bloed, opdat de verderver van de eerstgeborenen hen niet zou treffen.' (Hebreeën 11:28)

Antwoorden

1. De verzen uit Psalm 119 benadrukken de vreugde en blijdschap die voortkomen uit het naleven van Gods wet, en dat het erg belangrijk is om de wet te onderhouden. Psalm 119 is dus erg positief over de wet van Mozes.

2. Niet waar. De wet werd pas gegeven aan Mozes. Mozes leefde duizenden jaren later dat Adam en Eva, de eerste twee mensen op aarde. Dus de wet werd niet aan het begin van de schepping gegeven, maar pas duizenden jaren later aan Mozes.

3. Niet waar. Ook voor de wet van Mozes was er oordeel op de aarde. Denk bijvoorbeeld aan de zondvloed of de verwoesting van de steden Sodom en Gomorra.

4. Adam ontving de positie om te heersen over de schepping, mocht de schepping onderhouden, en had de vrijheid om van alle bomen te eten behalve van de boom van kennis van goed en kwaad. Adam had daarnaast een fantastische relatie met God.

5. Eva werd geschapen om een relatie te hebben met haar man, Adam, en om Adam te helpen. God zag dat Adam zich alleen voelde, en hierom maakte Hij Eva uit de rib van Adam.

6. Adam en Eva moesten de hof verlaten omdat zij de vrucht van de boom van kennis van goed en kwaad aten, terwijl dit niet mocht van God. Door deze zonde konden zij niet meer bij God leven, en moesten zij de tuin verlaten. Het was niet Gods verlangen of Gods schuld dat de mens weg moest, de mens had dit zelf veroorzaakt.

7. Verschil 1: Adam en Eva konden in de hof van Eden samen met God wandelen, en dit kon niet meer op de aarde.
Verschil 2: Adam en Eva hadden het makkelijk in de hof van Eden en zij hoefden niet te zwoegen. Op de aarde moesten zij wel zwoegen.
Verschil 3: In de hof van Eden was er overvloedige zegen van God, op de aarde kregen zij te maken met de vloek.

8. God sloot een verbond met Abraham en beloofde dat zijn nakomelingen het beloofde land zouden ontvangen. Daarnaast werd Abraham en zijn nakomelingen gezegend. Voor de Israëlieten was dit verbond erg belangrijk, omdat zij de nakomelingen van Abraham zijn. Het verbond, dat God met Abraham sloot, was ook bestemd voor de Israëlieten.

9. Niet waar. God zag al om naar de Israëlieten, toen zij nog in Egypte waren. Dit was voor de wet van Mozes. God liet Mozes komen om hen te bevrijden uit Egypte en te brengen naar het beloofde land.

10. De Israëlieten konden zich beschermen door het Pascha te vieren, waarbij ze een lam zonder gebrek moesten slachten en het bloed van het lam op de deurposten van hun huis moesten strijken.

11. Tijdens het Pascha werd er een lam geslacht. Het lam zorgde ervoor dat de plaag voorbij het huis trok. Voor ons is het 'offerlam' Jezus Christus geslacht. Door dit offer zal de plaag voorbij ons huis trekken. Wij zullen niet geestelijk dood gaan, maar zullen eeuwig leven met God.

12. Waar. De Israëlieten vroegen aan de Egyptenaren om zilveren en gouden voorwerpen en kleding. De Egyptenaren gaven dit aan de Israëlieten. Op deze manier werden de Egyptenaren beroofd.

13. Hiermee werd bedoeld dat iedere Israëliet in staat was, en de kracht had, om de woestijnreis te maken. God heeft een groot genezingswonder gedaan, zodat iedereen mee kon en niemand ziek of zwak achterbleef.

14. Mozes ontving de wijsheid van God. God gaf Mozes de wijsheid om de rechtszaken te kunnen voeren, zodat er recht werd gesproken.

15. Romeinen 2:14-15: '*Wanneer namelijk mensen uit volken die de wet niet hebben, de wet van nature naleven, dan zijn ze*

zichzelf tot wet, ook al hebben ze hem niet. Ze bewijzen door hun daden dat wat de wet eist in hun hart geschreven staat; en hun geweten bevestigt dit, omdat ze zichzelf met hun gedachten beschuldigen of vrijpleiten.' (NBV21)

16. Mozes was de bemiddelaar tussen aan de ene kant het volk van Israël en aan de andere kant God en de engelen. Mozes stond als het ware tussen het volk en God in, en gaf de woorden door. Het waren niet de geboden van Mozes, maar de geboden kwamen van God.

17. Het verbond werd bekrachtigd met brandoffers en dankoffers van jonge stieren voor God, waarbij Mozes het bloed van de stieren op het volk en het verbondsboek sprenkelde.

18. Het bloed van dieren was nodig om verzoening te brengen tussen God en de mens. Zonder het vloeien van bloed was er geen verzoening nodig. Dit was een schaduwbeeld van het offer van Jezus Christus.

19. Waar. In Exodus 19:16-19 staat dat het volk beefde. Dit deden zij omdat God in vuur neerdaalde op de berg Sinaï en er donderslagen, bliksem, zware wolk en bazuingeschal te horen was.

H2 WAT IS DE WET?

De definitie van de wet

1. Hoeveel wetten omvat het Oude Testament volgens de Rabbijnen?

2. Waar of niet waar. De wet van Mozes is heilig. Leg jouw antwoord uit en vermeld minimaal één Bijbeltekst.

3. Wat betekenen de volgende termen?
a. Tôrâ
b. Miṣvâ

De opbouw van de wet

4. Wat waren de gevolgen voor het volk van Israël als ze het verbond van God zouden nakomen?

5. Verdeel de wet van Mozes in zes hoofddelen.

6. Waarom is het belangrijk om te begrijpen wat er in de wet van Mozes staat?

7. Wat wordt bedoeld met de term 'heilig volk' in de context van het verbond tussen God en Israël?

8. Welke onderwerpen worden behandeld in de groep 'Eredienst' van de wet van Mozes?

9. Hoe moesten de Israëlieten de kwetsbare mensen behandelen volgens de wet van Mozes?

10. Wat zijn de zegeningen die het volk van Israël zou ontvangen als ze de wet van Mozes gehoorzaamden?

De inhoud van de wet

11. Wat zijn de tien geboden? Noem alle tien de geboden op.

12. Wat is het verschil tussen morele wetten en burgerlijke wetten?

13. Noem een aantal straffen op die een Israëliet kon ontvangen als hij een wet had overtreden.

14. Wat waren de ceremoniële wetten in het wetboek van Mozes?

De zegen en de vloek

15. Wat waren de voorwaarden voor het ontvangen van zegen of vloek volgens de wet van Mozes?

Discussie- en toepassingsvragen

1. Welke wetten van de wet van Mozes zijn van toepassing voor vandaag en moeten wij volgens jou onderhouden en welke wetten zijn niet meer van toepassing voor vandaag en hoeven wij volgens jou niet te onderhouden? Zal iedereen deze vraag hetzelfde beantwoorden?

2. Wat vind jij van de straffen die werden opgelegd als iemand een bepaalde wet brak van de wet van Mozes?

3. In de kerk hebben wij ook te maken met een eredienst waarin God aanbeden wordt met gebed en aanbidding (gezang). Hoe ziet de eredienst in jouw lokale kerk eruit?

4. Wat is, volgens jou, het belangrijkste gebod van de wet van Mozes? Lees, nadat je deze vraag hebt beantwoord, Mattheüs 22:36-40.

5. Leer de volgende Bijbeltekst uit je hoofd:
'Zie, ik houd u heden zegen en vloek voor: de zegen, als u luistert naar de geboden van de HEERE, uw God, die ik u heden gebied; de vloek, als u niet luistert naar de geboden van de HEERE, uw God. (...)' (Deuteronomium 11:26-28)

Antwoorden

1. Het Oude Testament omvat volgens de Rabbijnen 613 wetten.

2. Waar. De wet van Mozes is heilig. Dit staat in Romeinen 7:12: *'Zo is dan de wet heilig, en het gebod is heilig en rechtvaardig en goed.'*

3.
a. Tôrâ betekent: wet, instructie, onderwijzing of Thora.
b. Miṣvâ betekent: geboden, verordeningen, voorschrift en wet.

4. Wanneer het volk van Israël het verbond van God zou nakomen, zouden ze een heilig volk zijn en een koninkrijk van priesters worden. Ze zouden als Gods eigen bezit worden beschouwd en Zijn zegen en overvloed ontvangen.

5. De wet van Mozes bevat de volgende zes hoofddelen:
1. De tien geboden
2. Rechtsregels over …
3. Eredienst
4. De woonplaats van God
5. Zegeningen
6. Vervloekingen

6. Het is belangrijk om te begrijpen wat er in de wet van Mozes staat, omdat het Gods instructies zijn voor een heilig leven. In de wet staat ook wat God beschouwt als zegen en wat als vloek, en hoe de Israëlieten konden wandelen in de zegen van God. Daarnaast leren we de basis voor het begrijpen van de relatie tussen God en zijn volk Israël.

7. Met 'heilig volk' wordt bedoeld dat het volk van Israël apart is gezet en toegewijd is aan God, met de bedoeling om Zijn wil te gehoorzamen en Zijn karakter in de wereld te weerspiegelen.

8. Denk bijvoorbeeld aan het maken van altaars. Of denk aan de offers, zoals het hefoffer, brandoffer, graanoffer, dankoffer, zondoffer en schuldoffer. Of denk aan het nazireeërschap, het

geven van eerstelingen, de rode koe zonder gebrek en de feestdagen.

9. De Israëlieten werden aangemoedigd om kwetsbare mensen, zoals vreemdelingen, armen, wezen en weduwen, met mededogen en respect te behandelen, en om voor hen te zorgen. De Israëlieten mochten deze groep niet uitbuiten, maar moesten hun goed behandelen.

10. De zegeningen zijn bijvoorbeeld: het beloofde land, leiding van God, bescherming, overwinning, genezing, ouderdom, vruchtbaarheid, overvloed, vruchtbare grond, herstel, etc.

11. De tien geboden zijn:
1. Vereer geen andere goden naast de God van Israël.
2. Maak geen afgodsbeelden en kniel niet voor hen neer.
3. Misbruik de naam van God niet.
4. Gedenk de sabbat.
5. Toon eerbied voor de ouders.
6. Sla niemand dood.
7. Pleeg geen overspel.
8. Steel niet.
9. Geef geen vals getuigenis.
10. Begeer niet iemands huis, vrouw of wat van iemand anders is.

12. Morele wetten zijn geboden die bepalen hoe men zich zou moeten gedragen volgens goede normen en waarden, zoals niet liegen, geen geweld gebruiken en eerlijk zijn. Burgerlijke wetten vloeien voort uit morele wetten en geven specifieke richtlijnen voor het samenleven en omgaan met elkaar in de samenleving, vergelijkbaar met moderne burgerlijke wetten die bijvoorbeeld regels bevatten over belastingen en administratie.

13. Een aantal straffen die een Israëliet kon ontvangen was:
1. Bij diefstal van een rund: vijf runderen als vergoeding teruggeven.
2. Valse getuigenis: met de valse getuige moet gedaan worden wat hij de ander toewenste.

3. Letsel opzettelijk toebrengen: oog voor oog, tand voor tand, etc.

14. De ceremoniële wetten betroffen voorschriften met betrekking tot de tabernakel, de feesten die de Israëlieten moesten houden, en hoe offers gebracht moesten worden.

15. De voorwaarden waren gehoorzaamheid aan de geboden van God voor de zegen, en ongehoorzaamheid voor de vloek. De Israëlieten hadden zelf de keuze. Kiezen wij voor gehoorzaamheid en de zegen, of voor ongehoorzaamheid en de vloek.

H3 VOOR WIE IS DE WET?

1. Waarom is er vandaag geen fysieke tempel of tabernakel meer nodig om God of de Heilige Geest te ontmoeten?

Groep 1: De Israëlieten

2. Waarom gaf God de wet en verbonden aan het volk van Israël en niet aan een ander volk?

3. Wat was het doel van het doorgeven van de wet aan de volgende generaties, volgens Psalm 78:5-6?

4. Wat was de boodschap van koning David aan zijn zoon Salomo over de wet, volgens 1 Koningen 2:3?

5. Waar of niet waar. God wilde dat het volk Israël en het volk Juda in ballingschap zouden gaan. Leg jouw antwoord uit.

6. Waarom stuurde God profeten naar het volk van Israël en het volk van Juda?

Groep 2: De vreemdelingen

7. Wat was de oproep van God aan de Israëlieten met betrekking tot de behandeling van vreemdelingen?

Groep 3: De heidenen

8. Wat was de reden dat Paulus Petrus terecht wees in Galaten 2:14?

9. Welke conclusie kunnen we trekken over de relatie tussen heidenen en de wet van Mozes op basis van Efeze 2:12?

Groep 4: De Christenen?

10. Hoe beschrijft Romeinen 6:14 de relatie tussen christenen en de wet?

11. Hoe vergelijkt Paulus de relatie tussen gelovigen en de wet van Mozes met een huwelijksverbond?

12. Waar of niet waar. Een gelovige wordt niet gerechtvaardigd door zijn goede werken. Leg jouw antwoord uit en gebruik een Bijbeltekst.

13. Waarom wordt Abraham genoemd als voorbeeld van rechtvaardigheid door geloof, en wordt hij niet geprezen omdat hij de wet van Mozes naleefde?

14. Waar of niet waar. De wet van Mozes heeft zijn functie verloren en is voor niemand meer bestemd. Leg jouw antwoord uit.

Groep 5: Degenen die de wet houden

15. Wat was het standpunt van de oudsten en apostelen in de gemeente van Jeruzalem over het onderhouden van de wet van Mozes door heidense gelovigen?

16. Welke keuze en les laat Paulus zien in zijn verhaal over Ismaël en Izak? En wat is het grootste verschil tussen Ismaël en Izak?

17. Wie erfde alles van Abraham? Was dit Ismaël of Izak? En wat zegt dit over ons?

18. Waarom worden gelovigen nu al (vandaag) vergeleken met het hemelse Jeruzalem?

19. Wat gebeurt er volgens Galaten 5:4 als iemand door de wet gerechtvaardigd wil worden?

Discussie- en toepassingsvragen

1. Wat betekent het voor een christen om onder de genade te leven in plaats van onder de wet?

2. Kunnen christenen nog steeds dingen leren uit de wet van Mozes? Zo ja, wat dan?

3. Waarom ben jij rechtvaardig en waarom kunnen goede werken er nooit voor zorgen dat je rechtvaardig bent of wordt?

4. Beschouw jij jezelf als een 'slaaf van God' of als een 'zoon/dochter van God'? Waarom?

5. Leer de volgende Bijbeltekst uit je hoofd:
'Maar nu zijn wij ontslagen van de wet, gestorven aan dat waaraan wij vastgebonden zaten, zodat wij in nieuwheid van Geest dienen, en niet in oudheid van letter.' (Romeinen 7:6)

Antwoorden

1. Dit komt doordat de Heilige Geest in de mens kan wonen door het offer van Jezus. Het is dus niet meer nodig om een tempel of tabernakel te bouwen, waar God verblijft achter het voorhangsel. God kan nu in de mens wonen.

2. Dit deed God vanwege het verbond dat Hij sloot met Abraham, Izak en Jakob. Hierdoor ontving het nageslacht van Abraham, het volk van Israël, de wet en de verbonden met God.

3. Het doel was dat de kinderen die geboren zouden worden, de wet zouden kennen. Vervolgens zouden zij opstaan en deze weer aan hun kinderen vertellen, om zo de kennis en naleving van de wet door te geven aan toekomstige generaties. De wet gold niet voor één generaties, maar voor alle generaties Israëlieten.

4. Koning David vertelde zijn zoon Salomo om zijn taak ten behoeve van de Heere, zijn God, te vervullen door in Gods wegen te gaan en Zijn verordeningen, geboden, bepalingen en getuigenissen in acht te nemen, zoals geschreven staat in de wet van Mozes. Als Salomo dit zou doen, zou hij onder de zegen van God leven.

5. Niet waar. Het was niet Gods wil dat het volk in ballingschap zou gaan. God wilde hun graag zegenen, maar hiervoor moest het volk zich houden aan de wet van Mozes. Doordat het volk dit niet deed, kwamen zij terecht onder de vloek en werden zij in ballingschap gevoerd. Dit was nooit Gods wil geweest.

6. God stuurde profeten naar deze volken om hen op te roepen om zich te bekeren. God wilde de volken niet onder de vloek plaatsen of in ballingschap sturen. Door profeten te sturen wilde God ervoor zorgen dat de volken zich zouden bekeren, zodat God hun weer kon zegenen.

7. De Israëlieten werden opgeroepen om vreemdelingen niet uit te buiten of te onderdrukken, maar hen lief te hebben als zichzelf, omdat zij zelf vreemdelingen waren geweest in Egypte.

8. Paulus wees Petrus terecht omdat Petrus de heidenen probeerde te dwingen om op de Joodse manier te leven, met de reinigingswetten en voorschriften van Mozes en de overleveringen van de ouden, wat niet in overeenstemming was met de waarheid van het Evangelie.

9. Heidenen waren niet onder de wet van Mozes en maakten geen deel uit van de verbondssluitingen en beloften die aan het volk Israël werden gegeven.

10. Romeinen 6:14 zegt dat christenen niet leven onder de wet, maar leven onder de genade.

11. Paulus vergelijkt de relatie tussen gelovigen en de wet van Mozes met een huwelijksverbond, waarin de gehuwde vrouw gebonden is aan haar man totdat de man sterft. Op dezelfde manier zijn gelovigen gestorven met Christus aan het kruis, waardoor zij vrij zijn geworden van de wet. De wet geldt op het moment dat iemand leeft. Omdat het oude leven van gelovigen niet meer leeft, heeft de wet geen recht meer op hen.

12. Waar. Galaten 2:16 zegt namelijk dat een mens niet gerechtvaardigd wordt door werken van de wet, maar door het geloof in Jezus Christus. Het geloof maakt je rechtvaardig, en geen goede werken. Galaten 2:16: '*Weten dat **een mens niet gerechtvaardigd wordt uit werken van de wet**, maar door het geloof in Jezus Christus. En ook wij zijn in Christus Jezus gaan geloven, opdat wij gerechtvaardigd zouden worden uit het geloof van Christus en **niet uit werken van de wet**. Immers, **uit werken van de wet wordt geen vlees gerechtvaardigd**.*'

13. Abraham wordt genoemd als voorbeeld van rechtvaardigheid door geloof omdat hij de belofte van God geloofde en daarom als rechtvaardig werd beschouwd, lang voordat de wet van Mozes werd gegeven. Zijn rechtvaardigheid kwam voort uit zijn geloof, niet uit het naleven van de wet. Dit kon ook helemaal niet, aangezien de wet pas veel later werd gegeven aan Mozes.

14. Dit is niet waar. De wet van Mozes geldt nog steeds voor wettelozen, opstandigen, goddelozen, zondaars, onheiligen, onreinen, etc., maar niet voor de rechtvaardigen. De wet heeft dus nog steeds een belangrijke functie.

15. Onder leiding van de Heilige Geest werden de heidense gelovigen opgedragen zich niet te laten besnijden of de wet van Mozes te onderhouden, behalve dat ze zich moesten onthouden van afgodenoffers, geen bloed of verstikte dieren moesten eten, en zich niet mochten bezighouden met hoererij.

16. Paulus stelt de keuze tussen het verbond van de wet van Mozes (dit is Ismaël), dat gebaseerd is op menselijke werken, en het verbond van genade (dit is Izak) door Jezus Christus, dat gebaseerd is op Gods belofte en genade. Hij moedigt aan om te kiezen voor het verbond van genade en de vrijheid die dit brengt. Ismaël was de zoon van de slavin, en was een teken van de wet van Mozes. Izak was de zoon van de vrije vrouw, en was een teken van de genade en de belofte.

17. Izak erfde alles van Abraham. Dit laat zien dat alleen de zoon van de belofte en de genade de erfenis ontvangt. Wanneer je ervoor kiest om onder het juk van de wet van Mozes te leven, ontvang je geen erfenis.

18. Omdat dit laat zien dat de vrijheid en genade van het hemelse Jeruzalem niet alleen toekomstgericht zijn, maar dat gelovigen er vandaag al in kunnen leven. Het is een oproep van Paulus om te leven in de vrijheid en genade van Jezus, in plaats van terug te keren naar een leven onder de wet van Mozes.

19. Galaten 5:4 geeft aan dat iemand die probeert gerechtvaardigd te worden door de wet van Christus losgeraakt is en buiten de genade is gevallen. Proberen gerechtvaardigd te worden door de wet staat gelijk aan het verwerpen van de genade van Christus. Galaten 5:4: '*U bent van Christus losgeraakt, u die door de wet gerechtvaardigd wilt worden; en daarmee bent u uit de genade gevallen.*'

H4 DE WET IS ONVOLMAAKT

1. Waarom stonden de wet en de mens eeuwenlang tegenover elkaar?

De wet is goed

2. Waar of niet waar. De wet van Mozes is heilig, rechtvaardig en goed. Leg jouw antwoord uit.

3. Spreken de Psalmen en de Spreuken in de Bijbel positief of negatief over de wet van Mozes? Leg jouw antwoord uit en geef minimaal 2 Bijbelse voorbeelden.

De mens is onvolmaakt

4. Waar of niet waar. Wanneer een persoon een kleine zonde begaat, is dit niet erg. Leg jouw antwoord uit.

5. Wat leren wij uit Romeinen 3:10-12 met betrekking tot de natuur van de mens?

6. Hoe kan het Woord van God in het leven van een gelovige zijn kracht verliezen?

Vlees versus geest

7. Wat is de betekenis in de Bijbel van 'het vlees'?

8. Wat betekent het dat de wet van Mozes geestelijk is en de mens vleselijk in Romeinen 7:14?

9. Waarom staat het denken van het vlees in vijandschap met God volgens Romeinen 8:7-8?

De wet rechtvaardigt niemand

10. Waarom schreef Paulus een brief aan de Galaten en wat was Paulus zijn doel met deze brief?

11. Waarom sloot God een tweede verbond met de mensheid, volgens Hebreeën 8:7?

12. Hoe laat het verhaal van Jezus en de overspelige vrouw in Johannes 8 het verschil zien tussen de wet van Mozes en de genade van het nieuwe verbond?

13. Waarom noemde Paulus zijn vroegere vertrouwen op zijn eigen prestaties 'verlies' en 'waardeloze troep'?

De vloek van de wet

14. Wat is het resultaat voor mensen die hun rechtvaardigheid willen ontvangen door de wet volgens Galaten 3:10?

15. Welke vervloekingen worden genoemd in de wet als gevolg voor het niet naleven van de wet?

16. Waar of niet waar. God maakte de wet zodat Hij Zijn volk onder de vloek kon brengen. Leg jouw antwoord uit.

De wet is op de verkeerde plaats geschreven

17. Wat wordt er bedoeld met het feit dat de wet op de verkeerde plaats is geschreven?

18. Wat zegt Jeremia 31:33 met betrekking tot de wet van Mozes?

19. Wat wordt er bedoeld met: 'De letter doodt, maar de Geest maakt levend'?

De wet geeft roem

20. Leg de volgende citaat in jouw eigen woorden uit: 'Ik doe geen goede werken om in de hemel te komen, maar omdat ik in de hemel kom, doe ik goede werken.'

21. Wat is het gevaar om rechtvaardig te proberen leven vanuit de wet van Mozes en niet door de genade van Jezus?

22. Wat is het verschil tussen het ontvangen van loon en het ontvangen van genade?

De wet lost het zondeprobleem niet op

23. Waarom waren er offerdiensten (schuldoffers en zondoffers) in de wet van Mozes?

24. Waarom zou het onrechtvaardig zijn als een mens zijn zonde kon doorgeven aan een dier, zodat het dier de zonde betaalde en de mens vrijuit zou gaan?

25. Waarom kon God niet onder het volk wonen in de tijd van Mozes zonder tabernakel en voorhangsel?

26. Wat wordt bedoeld met 'Daarmee maakte de Heilige Geest dit duidelijk dat de weg naar het heiligdom nog niet openbaar gemaakt was zolang de eerste tabernakel nog in gebruik was?'

27. Waarom kon de aardse hogepriester in het Oude Testament niet als goede middelaar dienen tussen God en de mensheid?

De wet versus de belofte

28. Wat was de belofte die God aan Abraham deed, en hoe werd deze belofte vervuld in Jezus Christus?

29. Noem een aantal gelijkenissen tussen het offer dat Abraham moest brengen (Izak) en het offer dat God moest brengen (Jezus).

30. Waarom kon de wet van Mozes de belofte aan Abraham niet teniet doen of veranderen?

31. Waar of niet waar. God probeerde eerst de mens rechtvaardig te maken door de wet van Mozes. Toen God zag dat dit niet werkte, besloot Hij Zijn Zoon naar de aarde te sturen. Leg jouw antwoord uit.

De wet versus het geloof

32. Waarom werd Abraham als rechtvaardige beschouwd?

33. Wat is de uitkomst of gevolg van 'een zoon van Abraham zijn' en de uitkomst of gevolg van iemand die 'de werken van de wet doet'?

De krachteloze wet

34. Waarom maakte Paulus zich zorgen over de leer van de besnijdenis in de gemeente van Galatië?

35. Waarom kon de wet geen zegen brengen, maar alleen de vloek?

36. Waarom wordt in de Bijbel gezegd dat het nieuwe verbond van God geen onderscheid maakt op basis van besnijdenis of afkomst?

Discussie- en toepassingsvragen

1. Heb jij in jouw leven geprobeerd om de wet van Mozes te onderhouden? Zo ja, hoe voelde jij je hierbij?

2. Wat is precies het verschil tussen wetticisme en gehoorzaamheid aan God?

3. Hoe zou je de begrippen van 'rechtvaardigheid door geloof' en 'rechtvaardigheid door werken' in jouw eigen woorden uitleggen aan iemand die er minder bekend mee is? Vertel hierover aan een familielid of aan een broeder of zuster.

4. Wat vind jij van het doen van goede werken? Is dit noodzakelijk?

5. Leer de volgende Bijbeltekst uit je hoofd.
'En dat door de wet niemand gerechtvaardigd wordt voor God, is duidelijk, want de rechtvaardige zal uit het geloof leven.'
(Galaten 3:11)

Antwoorden

1. De mens probeerde de wet na te leven, alleen was dit onmogelijk. De zondige natuur van de mens zat in de weg. De mens probeerde het wel, maar het lukte (op Jezus na) niemand.

2. Dit is waar. Dit staat namelijk in Romeinen 7:12: *'Zo is dan de wet heilig, en het gebod is heilig en rechtvaardig en goed.'*

3. De Spreuken en Psalmen spreken positief over de wet van Mozes. De wet van Mozes was ook niet verkeerd, het was de mens die verkeerd was. Voorbeelden:
Psalm 19:8-9: *'De wet van de HEERE is volmaakt, zij bekeert de ziel; de getuigenis van de HEERE is betrouwbaar, zij geeft de eenvoudige wijsheid. De bevelen van de HEERE zijn recht, zij verblijden het hart; het gebod van de HEERE is zuiver, het verlicht de ogen.'*
Spreuken 28:7: *'Wie de wet in acht neemt, is een verstandige zoon.'*

4. Niet waar. Ook 'kleine' zonden zorgen ervoor dat iemand de eeuwigheid mist in de heerlijkheid van God. Wanneer iemand één kleine zonde doet, kan hij niet meer door zijn eigen goede werken in de hemel komen en is hij een overtreder van de wet van Mozes. Jakobus 2:10 laat ook zien dat wanneer iemand één gebod heeft overtreden, hij schuldig is bevonden aan alle geboden.

5. Romeinen 3:10-12 leert ons dat er niemand rechtvaardig is, iedereen is afgedwaald en er is niemand die goeddoet. Oftewel, alle mensen hebben van nature een verdorven en slechte natuur.

6. Het Woord van God verliest zijn kracht doordat mensen het Woord verdraaiden door hun eigen geboden, bepalingen of gedachten toe te voegen die niet in de Bijbel staan. Of door excuses te verzinnen om bepaalde Bijbelteksten niet na te hoeven leven of te geloven.

7. 'Het vlees' wordt in de Bijbel gezien als het fysieke menselijke lichaam of de zondige natuur van de mens. In de context

van vlees versus geest verwijst het naar de geërfde zondige natuur van Adam, waardoor de mens onder de macht en heerschappij van de zonde staat. De mens kan, vanuit zijn natuur, niet heilig leven.

8. Het feit dat de wet van Mozes geestelijk is, laat zien dat deze afkomstig is van God en heilig, rechtvaardig en goed is. Het vlees met de zondige natuur en het geestelijke kunnen niet samengaan, omdat de zondige mens niet in staat is om de geboden en bepalingen van de geestelijke en heilige wet van God na te leven.

9. Het denken van het vlees staat in vijandschap met God omdat het zich niet kan onderwerpen aan de wet van God. Het is gewoon onmogelijk. Om deze reden kan het vlees God niet behagen.

10. Het doel van Paulus zijn brief aan de Galaten was om hen te waarschuwen om niet terug te keren naar de werken van de wet van Mozes en hen eraan te herinneren dat gelovigen niet langer onder de wet leven, maar zijn vrijgekocht door Jezus Christus. Paulus wilde hun laten zien dat zij rechtvaardig zijn geworden door het geloof en niet door werken van de wet.

11. God sloot een tweede verbond omdat het eerste verbond, de wet van Mozes, niet tot volmaakt leidde en niet het juiste resultaat bereikte. Als het eerste verbond perfect was geweest, zou er geen noodzaak zijn geweest voor een tweede verbond.

12. Het verhaal laat zien dat de wet van Mozes oordeelt en veroordeelt, terwijl de genade van Jezus Christus vergeving biedt. Jezus veroordeelde de vrouw niet, maar gaf haar genade en vertelde haar om niet meer te zondigen.

13. Voor Paulus betekende dit dat zijn vertrouwen op zijn eigen naleving van de wet van Mozes, die hij vroeger beschouwde als een bron van rechtvaardigheid, in feite niets waard was in vergelijking met de rechtvaardigheid die hij vond door zijn geloof

in Jezus. Hij zag in dat alleen geloof in Christus hem ware rechtvaardigheid kon brengen, en al het andere was als 'troep'.

14. Galaten 3:10 zegt: '*Want allen die uit de werken van de wet
zijn, zijn onder de vloek. Er staat immers geschreven: Vervloekt
is ieder die niet blijft bij alles wat geschreven staat in het boek
van de wet, om dat te doen.*' Oftewel, mensen die hun vertrouwen stellen op de wet leven onder de vloek.

15.

VERVLOEKINGEN	Deuteronomium 11:26-30, 27:13 en 28:15-68.
Ziekte, zwakte en dood	Leviticus 26:16a, 26:25, 26:30, Deuterono-mium 7:10, 28:21-22, 28:27-29, 28:34-35, 28:59-62, 29:22 en 30:18.
Onvruchtbaarheid van mensen en dieren	Deuteronomium 28:18
Droogte, onvruchtbare grond en honger	Leviticus 26:19-20, 26:26, 26:29, Deutero-nomium 11:17, 28:17-18, 28:22-24, 28:38-40, 28:42, 28:48, 28:53-57 en 29:23.
Financiële en materiële tekorten	Deuteronomium 28:43-44, 28:48 en 28:57.
Veroveringen door de vijand, gedood worden en wegvoeringen naar andere landen.	Leviticus 26:16b-17, 26:25, 26:33a, 26:37b-39, Deuteronomium 4:25-28, 8:19-20, 28:25, 28:29-34, 28:36-37, 28:41, 28:48-52, 28:63-65, 28:68 en 29:28.
Onbeschermd tegen wilde dieren, verlaten steden en verwoeste land	Leviticus 26:22, 26:31-33 en 28:26.
Angst	Leviticus 26:36-37 en Deuteronomium 28:66-67.
Overal vervloekt	Deuteronomium 28:16 en 28:19-20.

16. Dit is niet waar. God maakte juist de wet zodat Hij Zijn volk
kon zegenen. God wilde dat Zijn volk zich aan Zijn geboden
hield zodat God de zegen over het volk kon gebieden.

17. Hiermee wordt bedoeld dat de wet niet in de harten van de
mensen is geschreven, maar op stenen tafelen. Je hebt er niets
aan dat de wet op steen is geschreven, de wet moet in het hart
van de Israëliet geschreven worden. Alleen wanneer de wet in

het hart van de Israëliet was en de Israëliet zich hieraan hield, kon de wet voor zegen zorgen.

18. Jeremia 31:33: '*Voorzeker, dit is het verbond dat Ik na die dagen met het huis van Israël sluiten zal, spreekt de HEERE: Ik zal Mijn wet in hun binnenste geven en zal **die in hun hart schrijven**. Ik zal hun tot een God zijn en zíj zullen Mij tot een volk zijn.*' Dit vers zegt dus dat God belooft de wet in het hart van de Israëlieten te schrijven.

19. De wet van Mozes is met letters in stenen geschreven, terwijl het nieuwe verbond door de Heilige Geest in het hart van de mens aanwezig is. Het zondige karakter van de mens zorgde ervoor dat de wet van Mozes alleen tot veroordeling kon leiden en daardoor doodt de letter de mens. De wet die geschreven is op papier of in steen kan alleen maar doden en schuldig verklaren. Het nieuwe verbond werkt met de Heilige Geest. De Heilige Geest maakt juist levend en zorgt ervoor dat mensen gerechtvaardigd worden.

20. Het citaat benadrukt dat goede werken doen niet de reden is waardoor wij in de hemel komen, maar eerder een natuurlijke uitdrukking is van het feit dat men al een kind van God is. Je doet goede werken omdat God jou rechtvaardig heeft gemaakt, en je doet geen goede werken om rechtvaardig te worden.

21. Het gevaar is dat iemand denkt dat hij zelf rechtvaardig is geworden. Oftewel, hij heeft reden om te roemen in zichzelf. Dit kan niet, want God wil juist rechtvaardigheid geven uit genade, en niet door werken.

22. Wanneer je loon ontvangt, heb je dit zelf verdiend. Doordat je hebt gewerkt, heb je loon verdiend. Wanneer je genade ontvangt, heb je dit niet zelf verdiend, je hebt het gekregen als cadeau of geschenk.

23. De offerdiensten waren handelingen waarbij priesters een dier offerden aan God om verzoening te doen voor het volk of een individuele Israëliet. Het doel was om de zonde niet aan de

mens toe te rekenen, maar over te dragen op het dier, dat vervolgens de prijs voor de zonde betaalde.

24. Het is onrechtvaardig omdat een mens veel meer waarde heeft dan een dier. Een dier en een mens staan niet gelijk aan elkaar. Er is een groter offer nodig om de mens echt te kunnen vergeven.

25. God kon niet bij het volk wonen vanwege de aanwezigheid van zonde. Als God onder het volk zou wonen terwijl er zonde was, zouden de mensen sterven vanwege Gods heiligheid en goedheid. Daarom moest God 'wonen' in de tabernakel, achter het voorhangsel.

26. Deze uitspraak laat zien dat de tabernakel, en de wet van Mozes, nog niet volmaakt waren. Er was namelijk een ander verbond nodig en een groter offer. De tabernakel liet zien dat niet iedereen vrij was om tot God te naderen in Zijn heiligdom. Zolang de tabernakel en de tempel dienst deden, bleven mensen herinnerd aan de afstand tussen God en de mens.

27. De hogepriester kon niet als goede middelaar dienen, omdat hij zelf schuldig was voor God vanwege zijn eigen zonden. Hij was net als alle andere Israëlieten een zondaar. Daarnaast leefde de hogepriester niet voor eeuwigheid, dus er was steeds een nieuwe hogepriester nodig.

28. God beloofde aan Abraham dat hij een zegen zou zijn voor alle geslachten van de aarde. Deze belofte werd vervuld in Jezus Christus, die als de Messias kwam om verzoening en zegen te brengen voor de gehele wereld.

29.

Abraham en Izak	God en Jezus Christus
Izak was een zoon van de belofte.	Jezus was de beloofde Zoon en Messias.
Abraham moest zijn enige en geliefde zoon Izak offeren.	God moest Zijn enige en geliefde Zoon Jezus offeren.

Abraham en Izak	God en Jezus Christus
Izak diende als brandoffer.	Jezus diende als brandoffer.
Izak werd op een berg geofferd.	Jezus werd op de rots Golgotha geofferd.
Izak moest zijn eigen hout dragen voor zijn eigen offer.	Jezus moest Zijn eigen hout (het kruis) dragen voor Zijn eigen offer.
Abraham profeteerde dat God zelf voor een Lam zou zorgen.	Jezus Christus was het Lam van God en was een geschenk voor de mens.
Izak werd vastgebonden aan het offer.	Jezus werd vastgebonden aan het kruis.
Abraham gaf zijn offerplaats de naam: De Heere zal erin voorzien.	Jezus heeft voorzien en ons alles gegeven.
Abraham en Izak werden gezegend en hun nageslacht zou talrijk worden.	Jezus is gezegend en Hij zal veel nageslacht zien. Hij is namelijk de eerstgeborenen van vele broeders.
God beloofde dat iemand vanuit zijn nageslacht alle volken van de aarde zou zegenen.	Jezus heeft alle volken van de aarde gezegend.
Abraham geloofde dat God Izak uit de dood kon opwekken.	Jezus stond op uit de dood.

30. De wet van Mozes, die pas later kwam, kon de belofte aan Abraham niet tenietdoen. Dit komt doordat Gods belofte onveranderlijk is, en Hij altijd trouw blijft aan Zijn woord. God had het namelijk aan Abraham beloofd. De wet kon de verlossing, die door het offer van Jezus Christus werd gebracht, niet vervangen of ongedaan maken.

31. Niet waar. Jezus was nooit een 'plan B'. Vanaf het boek Genesis was het Gods plan om Jezus naar de aarde te sturen, ook al voor de wet van Mozes. Dit zien wij onder andere terug in de belofte van God aan Abraham.

32. Abraham werd als rechtvaardige beschouwd vanwege zijn geloof in God, niet vanwege zijn naleving van de wet van Mozes. Zijn geloof was de reden dat God hem als rechtvaardig beschouwde.

33. Wanneer je een zoon van Abraham bent, ontvang je de zegen. Wanneer je de werken van de wet doet, ontvang je de vloek. Hoe word je een zoon van Abraham? Door net als Abraham te geloven.

34. Paulus maakte zich zorgen dat sommigen de besnijdenis als een vereiste zagen voor redding, wat in strijd was met het principe van redding door genade alleen, door geloof in Jezus Christus. Hij benadrukte dat het geloof in Jezus de enige ware bron van redding is.

35. Dit komt door de zondige natuur van de mens. De mens is de oorzaak van het falen om de wet te volbrengen. Omdat de mens de wet niet volmaakt kan naleven, leidt dit tot veroordeling.

36. Het nieuwe verbond van God is gebaseerd op geloof in Christus en maakt geen onderscheid tussen mensen op basis van besnijdenis of afkomst. Iedereen die gelooft, wordt een nieuwe schepping in Christus. Of je nu een Jood, Europeaan of Afrikaan bent maakt niet uit.

H5 WAAR DIENT DE WET VOOR

De wet moet vervuld worden
1. Wat was het doel van Jezus Zijn eerste komst? Gebruik de woorden 'zonder zonde' en 'wet' in jouw antwoord.

2. Hoe vervulde Jezus de rol van Middelaar en Hogepriester?

3. Waar of niet waar. Jezus is onze Hogepriester. Leg jouw antwoord uit.

4. Waarom is de wet volgens 1 Timotheüs 1 niet bestemd voor de rechtvaardigen?

5. Wat betekent het dat Jezus de wet en de profeten vervulde?

6. Waar of niet waar. De wet van Mozes was verkeerd en moest door Jezus vernietigd worden. Leg jouw antwoord uit.

7. Waarom kon Jezus als enige Mens op aarde de wet vervullen?

De wet leert de zonde kennen
8. Door welke factoren of personen kan een mens beïnvloed worden in de wereld?

9. Wat zijn de drie mogelijke gevolgen van het besef van zonde?

10. Hoe kan iemand weten wat zonde is en wat heilig is?

11. Leg de volgende uitspraak in jouw eigen woorden uit: 'Door de offerdiensten werden de Israëlieten continu herinnerd aan de zonde.'

De wet doet de overtredingen toenemen
12. Waar of niet waar. De wet van Mozes veroorzaakte de zonde in de Israëlieten. Leg jouw antwoord uit.

13. Leg uit waarom de wet van Mozes ervoor zorgde dat de overtredingen toenamen.

14. Waar of niet waar. Mensen die voor de wet van Mozes leefden, konden ook gestraft en veroordeeld worden vanwege de zonde. Leg jouw antwoord uit.

15. Rachab overtrad de wet van Mozes, en moest volgens deze wet gedood worden. Waarom werd Rachab niet gedood?

16. Wat betekent de volgende tekst: '*zonder de wet is de zonde dood.*' (Romeinen 7:8)

17. Wat betekent de uitspraak '*de kracht van de zonde is de wet?*'

18. Waar of niet waar. Door de zonde is de (geestelijke) dood op aarde gekomen. Leg jouw antwoord uit.

De wet als leermeester

19. Wat betekent het Griekse woord 'paidagōgos' en hoe wordt het vertaald in verschillende Bijbelvertalingen?

20. Beschrijf de relatie tussen een leermeester en een kind in de tijd van Paulus en het Romeinse rijk.

21. Hoe beschreef Paulus de impact van de wet op de mens volgens Galaten 3:23?

22. Tot wanneer was de wet van Mozes een leermeester?

Tijdelijke verzoening

23. Waarom waren er offerdiensten nodig, terwijl deze niet voor volledige verzoening konden zorgen?

De rechtspraak

24. Wat is de rol van rechters in een land en hoe weten zij wat goed is en wat slecht is?

25. Wat wordt bedoeld met 'een land zonder wetboek wordt een wetteloos land'?

26. Wat was het advies van Jethro aan Mozes met betrekking tot de rechtspraak van de Israëlieten?

27. Waarom had Mozes de wet van God nodig voor de rechtspraak?

Schaduwbeeld van Jezus

28. Hoe konden de discipelen en Israëlieten Jezus herkennen als de Messias?

29. Welk Bijbelboek werd gebruikt om te bewijzen dat Jezus de Messias is in Handelingen 8:35?

30. Wat bedoelt Kolossenzen 2:16-17 met '*Deze zaken zijn een schaduw van de toekomstige dingen*'?

31. Waar of niet waar. De aardse tabernakel was een afbeelding van het hemelse heiligdom. Leg jouw antwoord uit.

De wet laat de rechtvaardigheid van God zien

32. Wat zou het gehoorzamen van de wet van Mozes door de Israëlieten aan andere volken laten zien?

33. Waar of niet waar. God houdt zich aan de geboden van de wet van Mozes. Leg jouw antwoord uit.

Discussie- en toepassingsvragen

1. Heb jij wel eens gehad dat je dacht dat iets goed was, maar je er uiteindelijk bent achter gekomen dat dit zondig of verkeerd was?

2. Is het goed om elke week in de kerk de tien geboden van de wet van Mozes te herhalen? Waarom wel of waarom niet?

3. Ga zelf op Bijbelonderzoek uit. Bestudeer zoveel mogelijk 'schaduwbeelden van Jezus' die je in het Oude Testament kan vinden. Welke schaduwbeelden heb jij gevonden en wat vertellen ze over Jezus?

4. Hoe kon het dat Jezus zonder zonde was en nooit de wet van Mozes overtrad? En was Jezus (theoretisch gesproken) in staat om te zondigen in Zijn leven?

5. Leer de volgende Bijbeltekst uit je hoofd:
'Laat dus niemand u veroordelen inzake eten of drinken, of op het punt van een feestdag, een nieuwe maan of de sabbatten. Deze zaken zijn een schaduw van de toekomstige dingen, maar het lichaam is van Christus.' (Kolossenzen 2:16-17)

Antwoorden

1. Het doel van Jezus Zijn eerste komst was om de wet van Mozes te vervullen en als losprijs te dienen voor allen die in Hem geloven. Jezus vervulde wet door zonder zonde te leven.

2. Jezus diende als Middelaar tussen God en de mensheid door verzoening te bewerken en voor de mensen te pleiten bij God de Vader. Als Hogepriester begrijpt Hij de menselijke zwakheden en verleidingen omdat Hij zelf op aarde heeft geleefd, maar zonder te zondigen. Hierdoor kan Hij medelijden hebben met de mensheid en voor hen pleiten in de hemel.

3. Dit is waar. Op dit moment heeft Jezus de rol van Hogepriester. Dit staat in Hebreeën 2:17-18: '*Daarom moest Hij in alles aan Zijn broeders gelijk worden, opdat Hij een barmhartig en een getrouw Hogepriester zou zijn in de dingen die God betreffen, om de zonden van het volk te verzoenen. Want waarin Hij Zelf geleden heeft, toen Hij verzocht werd, kan Hij hen die verzocht worden, te hulp komen.*'

4. De wet is niet bestemd voor de rechtvaardigen omdat zij door Jezus Christus gerechtvaardigd zijn en niet veroordeeld worden door de wet. De rechtvaardigen zijn samen met Jezus gestorven en weer opgestaan uit de dood. Dit zorgt ervoor dat de mens niet meer onder de wet of de zonde valt, maar in vrijheid mag leven onder de leiding van de Heilige Geest.

5. Het betekent dat Jezus leefde in overeenstemming met alle geboden van de wet van Mozes en dat alle profetieën over de Messias in Hem werden vervuld.

6. Dit is niet waar. De wet van Mozes was (en is) niet verkeerd. De wet heeft een belangrijk doel. En de wet geldt nog steeds voor de wettelozen, maar niet meer voor de rechtvaardigen volgens 1 Timotheüs 1:8-9. Jezus kwam ook niet om de wet te vernietigen. Volgens Jezus zal er geen jota of tittel van de wet voorbij gaan.

7. Jezus was de enige die de wet kon vervullen, omdat Hij als enige zonder zonde was en geen zondige natuur had. Jezus leefde zonder te zondigen, waardoor Hij zich hield aan elk gebod en regel van de wet.

8. De mens kan onder andere beïnvloed worden door: opvoeding, cultuur, media, onderwijs, vrienden, collega's, levenservaringen, religie en ouders.

9. De drie mogelijke gevolgen zijn:
1. Streven naar rechtvaardig leven en het onderhouden van de wet.
2. Ik ben een zondaar, dus het maakt toch niet meer uit wat ik doe. Ik blijf in de zonde leven.
3. Erkennen van de noodzaak van de Redder Jezus Christus, en in Hem geloven en vertrouwen.

10. De beste manier om te weten of iets zondig is of heilig is, is door de openbaring van de Heilige Geest. Maar voor dit hoofdstuk is het antwoord: Door het lezen van de wet van Mozes kan je zien of iets zondig is, of dat iets heilig is. De wet overtuigt ons wat zonde is.

11. De Israëlieten werden, door middel van de offerdiensten, voortdurend herinnerd aan de zonde en de noodzaak van vergeving. Telkens wanneer een Israëliet zondigde, moest hij een offer brengen om vergeving te ontvangen. Dit offer was niet alleen een persoonlijke herdenking, maar ook de andere Israëlieten zagen aan het offer dat er weer een zonde was gedaan. De jaarlijkse verzoening op de grote verzoendag diende ook als herinnering aan de zonde en de behoefte aan verlossing.

12. Niet waar. De wet van Mozes veroorzaakte niet de zonde, dit deed de zondige natuur van de mens. De wet kon wel de overtredingen laten toenemen door het laten zien van wat zonde is, en door het opwekken van verlangens om te zondigen. Dit komt niet doordat de wet van Mozes slecht was, maar doordat de zondige natuur van de mens wil rebelleren tegen God.

13. De wet van Mozes maakte de mensheid bewust van wat zonde is, waardoor mensen zich meer bewust werden van hun zondige natuur. Doordat de mens nu wist hoe ze konden rebelleren tegen God, werd hun zondige natuur uitgelokt en leefden zij meer in de zonde.

14. Waar. Ook mensen die leefden voor de wet van Mozes konden gestraft en veroordeeld worden vanwege de zonde. Denk bijvoorbeeld aan de steden Sodom en Gomorra, of denk aan Noach en zondvloed.

15. Rachab werd niet gedood, omdat zij nog geen kennis had over de wet van Mozes. Het werd haar daardoor niet aangerekend. Daarnaast kwam Rachab tot inkeer, en stelde zij haar geloof in de God van Israël door de Israëlieten te helpen. Wanneer zij door zou blijven gaan met prostitutie nadat ze de wet van Mozes kende, en leefde onder het volk, dan zou ze zeker door de rechters van Israël gestraft worden.

16. De wet laat zien wat zonde is. Als de mens niet weet hoe hij kan rebelleren tegen God, dan kan de mens ook niet bewust zondigen. De zonde is dus dood. De wet liet zien hoe de mens kan rebelleren tegen God en dus had het zondige karakter van de mens een aanleiding gevonden om te rebelleren en zondig te zijn tegenover God. De zonde leeft dus op in de mens.

17. Deze uitspraak laat zien dat de zonde haar macht en aantrekkingskracht heeft door de wet van Mozes. De wet laat zien wat zonde is, en door de zondige natuur van de mens wil de mens zondigen. Hierdoor ontvangt de zonde dus haar macht uit de wet van Mozes.

18. Waar. De zonde zorgde voor de (geestelijke) dood. Dit zagen wij al terug in het verhaal van Adam en Eva. Toen Adam en Eva de vrucht opaten, kwam er dood en lijden in de wereld. Het is de zondeval die ervoor zorgde dat de (geestelijke) dood kwam.

19. 'Paidagōgos' betekent leermeester, en wordt ook vertaald als tuchtmeester, bewaker, oppasser, schoolmeester, tutor en disciplinair.

20. De leermeester was vaak streng, wreed, geen goed voorbeeld, liefdeloos en maar tijdelijk aangesteld, en de relatie was als die tussen een slaaf en zijn meester, en niet als die tussen een vader en zijn zoon. De leermeester ging niet goed met de zoon om en het was dus verschrikkelijk.

21. Galaten 3:23: '*Voordat het geloof echter kwam, werden wij door de wet bewaakt, als gevangenen opgesloten, totdat het geloof geopenbaard zou worden.*' Paulus schreef dus dat de wet de mens bewaakte en hem als gevangene opsloot. De wet had een enorm impact op iemand, en het voelde als een gevangenis.

22. De wet van Mozes was de leermeester totdat Jezus kwam, en mensen door de genade van God en het geloof rechtvaardig werden.

23. De offerdiensten waren nodig als geloofshandelingen van de Israëlieten. Daarnaast waren de offerdiensten een schaduwbeeld van het offer van Jezus Christus. Wanneer iemand een lam offerde, dacht God aan Zijn toekomstige offerlam: Jezus Christus.

24. Rechters hebben de taak om recht te spreken en te oordelen of een verdachte een misdrijf heeft gepleegd, op basis van wetboeken. In het wetboek staat was goed is en wat slecht is, en welke straffen de rechter mag opleggen.

25. Dit betekent dat wetboeken noodzakelijk zijn om ervoor te zorgen dat alle burgers op dezelfde manier worden beoordeeld en bestraft voor hun misdaden. De burgers kunnen door het wetboek weten wat zij wel en niet mogen doen. Als er geen wetboek is, zal iedereen doen wat juist is in zijn eigen ogen.

26. Jethro zag dat Mozes eerst alles alleen wilde oplossen en hij alleen wilde rechtspreken. Jethro adviseerde Mozes om

bekwame mannen aan te stellen als leiders en rechters over het volk om de last van het rechtspreken te delen. Hierdoor hoefde Mozes niet alles alleen te doen.

27. Mozes had de wet van God nodig om de rechters te voorzien van de wetten en geboden van God, zodat zij rechtvaardig konden oordelen.

28. De discipelen en Israëlieten konden de Messias herkennen door de verhalen en profetieën in de wet van Mozes en de profetenboeken. Het Oude Testament sprak vaak over de Messias en wat Hij zou doen. Aan deze dingen konden de Israëlieten Hem herkennen.

29. In dit verhaal las de kamerheer een tekst uit Jesaja. Aan de hand van deze tekst legde Filippus uit dat Jezus de Messias is. Dus het Bijbelboek dat werd gebruikt was Jesaja.

30. Dit verwijst naar het feit dat de voorschriften in de wet van Mozes een voorafschaduwing zijn van de toekomstige werkelijkheid in Jezus Christus. De dingen uit de wet waren niet het einddoel, maar slechts een schaduwbeeld van wat komen zou.

31. Waar. Hebreeën 8:5: *'Zij verrichten hun dienst in wat een afspiegeling, een schaduwbeeld is van het hemelse heiligdom, zoals dat aan Mozes geopenbaard werd toen hij begon met het oprichten van de tabernakel: 'Let erop,' zegt God immers, 'dat je alles vervaardigt volgens het ontwerp dat je op de berg getoond is.''* (NBV21)

32. Als de Israëlieten de wet van Mozes perfect zouden gehoorzamen, zou dit aan andere volken het karakter en de rechtvaardigheid van God laten zien, waardoor ze tot jaloezie zouden worden gedreven.

33. Waar. God houdt zich aan de geboden van de wet van Mozes. Wanneer wij de wet lezen, kunnen wij zien hoe goed en heilig God is. God heeft zichzelf namelijk als voorbeeld genomen bij het maken van de wet.

H6 SLAAF VAN DE WET

De wet was bedoeld tot vrijheid
1. Wat beloofde God aan de Israëlieten als zij Zijn stem zouden gehoorzamen en Zijn verbond in acht zouden nemen?

De wet werd een slavenjuk
2. Waarom werd de wet van Mozes, die door God was gegeven, uiteindelijk een slavenjuk voor de Israëlieten?

3. Waarom vergeleek Paulus de wet met een slavenjuk in Galaten 5?

Het einde van de wet
4. Waar of niet waar. De wet van Mozes kan tot volmaaktheid leiden. Leg jouw antwoord uit.

Discussie- en toepassingsvragen
1. Wat heb jij, door deel 1 van dit boek, geleerd over de wet van Mozes?

2. Iemand zegt tegen jou: 'Wij moeten ons aan alle voorschriften van de wet van Mozes houden'. Wat zal jouw reactie zijn op deze vraag?

3. Waarom heeft God de wet van Mozes ingesteld, terwijl God wist dat deze wet toch niet tot volmaaktheid zou leiden?

4. Hou zou het leven eruitzien als Jezus niet is gekomen op aarde om ons te verlossen van onze zonden?

5. Leer de volgende Bijbeltekst uit je hoofd:
'Als Hij spreekt van een nieuw verbond, heeft Hij daarmee het eerste voor verouderd verklaard. En wat oud is verklaard en wat veroudert, staat op het punt te verdwijnen.' (Hebreeën 8:13)

Antwoorden

1. Wanneer de Israëlieten naar God zouden luisteren, zou God hun aannemen als Zijn persoonlijke eigendom, zouden zij een koninkrijk van priesters zijn en zouden zij een heilig volk zijn. Daarnaast zou de zegen van de wet over hen komen.

2. Dit kwam door de zondige natuur van de mens. De wet was bedoeld tot vrijheid, en wanneer de Israëlieten zich aan de wet hielden, zou dit vrijheid voor hun betekenen. Maar de zondige natuur van de mens kon zich niet houden aan de wet. In plaats van de zegen en vrijheid van de wet, kwamen ze hierdoor onder de vloek van de wet terecht.

3. Paulus vergeleek de wet met een slavenjuk in Galaten 5 om aan te geven dat de naleving ervan een last werd voor de gelovigen. Hij gebruikte deze vergelijking om te laten zien dat de wet van Mozes een zware last was die de gelovigen onnodig belastte en hen gevangen hield.

4. Niet waar. De wet van Mozes leidt niet tot volmaaktheid. Door de zondige natuur kan niemand zich aan de wet houden. Er was dus een ander verbond nodig om mensen te redden.

H7 DE SCHIJNVRIJHEID

1. Waar of niet waar. Een gelovige handelt altijd in alle situaties juist, en een ongelovige handelt altijd in alle situaties onjuist. Leg jouw antwoord uit.

Onjuist begrip van genade
2. Waar of niet waar. Doordat God genadig is, kunnen wij erop los zondigen. Leg jouw antwoord uit.

Kenmerken van de schijnvrijheid
3. Wat is de betekenis van zonde en wat zijn de vier verschillende categorieën waarin (of tegen wie) wij kunnen zondigen?

4. Geef voor elke categorie van zonde in vraag 3 een voorbeeld.

5. Waar of niet waar. Zonde is altijd verkeerd. Leg jouw antwoord uit.

De uitkomst van de zonde
6. Wat kunnen de uitkomsten zijn van een levensstijl in zonde?

7. Wat gebeurde er direct nadat Adam en Eva van de vrucht aten van de boom van de kennis van goed en kwaad?

8. Waar of niet waar. Wanneer je begint met een 'kleine' zonde, kan deze 'kleine' zonde leiden tot steeds ergere zonden. Leg jouw antwoord uit.

9. Wat betekent het dat ons hart kan verharden door de zonde?

10. Hoe kunnen zonden ook voor praktische of lichamelijke problemen of ongemakken zorgen?

11. Wat wordt er bedoeld met de 'geestelijke dood'?

12. Waar of niet waar. God wil ons vergeven wanneer wij hebben gezondigd. Leg jouw antwoord uit.

Discussie- en toepassingsvragen

1. Zonden hebben negatieve uitkomsten. Welke uitkomsten van de zonde heb jij in jouw leven meegemaakt? En hoe was dit?

2. Zonde zorgt voor schaamte. Hierdoor durven sommigen niet aan anderen te vertellen dat zij met een zonde worstelen. Heb jij in jouw leven een zonde waarvoor jij je schaamt en dat je nog tegen niemand hebt gezegd dat je hiermee worstelt? Ik wil jou aanmoedigen om de zonde waarmee jij worstelt te delen met iemand die jij vertrouwt. Samen sta je sterker dan alleen.

3. Hoe kan je in een kerk een vertrouwelijk sfeer creëren, waarin mensen durven te praten over de zonden waarmee zij worstelen?

4. Waarom wil God dat de mens niet zondigt? Geef een aantal redenen.

5. Leer de volgende Bijbeltekst uit jouw hoofd:
'Want het loon van de zonde is de dood, maar de genadegave van God is eeuwig leven, door Jezus Christus, onze Heere.'
(Romeinen 6:23)

Antwoorden

1. Niet waar. Niet alle ongelovigen handelen altijd onjuist, en niet alle gelovigen handelen in alle situaties juist. Een gelovige kan ook fouten maken, en kan een zonde begaan. En een ongelovige kan ook goede dingen doen, zoals het geven van een donatie aan een goed doel.

2. Dit is niet waar. Dit is geen juiste definitie van genade. Het klopt dat God ons wil vergeven. Maar God wil nog meer doen. God wil ons compleet verlossen van de zonde, zodat wij losbreken van de zondemacht. Door Gods genade zullen wij dus heiliger leven.

3. Zonde is het missen van het doel waarvoor God je had geschapen, je leeft niet in harmonie met jouw omgeving en je bent ongehoorzaamheid aan God. Vier categorieën van zonde zijn:
1. Zonden die je doet tegen een medemens.
2. Zonden die je doet tegen jezelf.
3. Zonden die je doet tegen de schepping.
4. Zonden die je doet tegen God.

4.
1. Medemens: Je steelt iemand zijn portemonnee.
2. Jezelf: Je gebruikt drugs.
3. De schepping: Je loost giftige stoffen in een rivier waardoor er veel vissen sterven.
4. God: Je maakt God belachelijk of spot met Zijn naam.

5. Waar. Zonde is altijd verkeerd, want door te zondigen mis jij je doel die God voor jou had en verbreek je de harmonie. Er bestaan geen 'goede' of 'onschuldige' zonden.

6. Enkele uitkomsten zijn leven in schaamte en angst, egoïsme en liefdeloosheid naar de omgeving, het steeds verergeren van zonden, het verruimen van grenzen van moraliteit, het verslinden van elkaar, het aanmoedigen van anderen om in zonde te leven, het verharden van het hart, en uiteindelijk leiden zonden tot de geestelijke dood en de hel.

7. Adam en Eva verstopten zich voor God na het begaan van deze zonde. Ze schaamden zich voor God en durfden God niet meer onder ogen te komen. Daarnaast werden zij geestelijk dood, en kwam er ellende in de wereld.

8. Dit is waar. Soms beginnen handelingen als een 'kleine zonde', en worden ze na verloop van tijd steeds heftiger. Dit zien wij bijvoorbeeld terug bij verslavingen. Terwijl iemand eerst één keer drugs gebruikt in de week, kan dit over een jaar tien keer per dag zijn. Zonde is een hellend vlak dat steeds erger wordt.

9. Het verharden van het hart door zonde betekent dat het hart steeds minder gevoelig wordt voor de invloed van God en Zijn wil. Wanneer iemand herhaaldelijk zondige handelingen verricht, kan dat ervoor zorgen dat ze minder ontvankelijk worden voor de overtuigingen van het geweten en de stem van de Heilige Geest. Deze verharding maakt het moeilijker om berouw te tonen, om Gods leiding te volgen en om Gods liefde te ervaren. Het hart wordt als het ware ongevoeliger voor prikkels en geestelijke waarheden, waardoor de persoon steeds verder van God verwijderd raakt.

10. Zonden kunnen leiden tot mentale en fysieke klachten, gebroken relaties, juridische problemen, financiële problemen en andere negatieve uitkomsten. Zonden tasten namelijk jezelf aan. Wanneer je bijvoorbeeld drugs gebruikt, heeft dit ook veel invloed op je lichamelijk gezondheid.

11. De geestelijke dood is het verlies van de nabijheid en zegen van God, zowel op aarde als in de eeuwigheid. Het komt voor in Openbaring 20:11-15, waar degenen die niet in het boek des levens staan, worden geoordeeld en in de hel worden geworpen. Dit is de tweede, of geestelijke, dood.

12. Waar. God wil ons vergeven en wil ons helpen om de zonde te overwinnen. God is genadig, en wanneer wij een fout maken, wil Hij ons graag vergeven als wij met het juiste hart naar Hem toe komen.

H8 ZONDER GOD EN VERBOND

Het verbond van de heidenen

1. Wat was Gods oorspronkelijke bedoeling met Adam en zijn nageslacht, en wat verhinderde dit plan?

2. Waarom werd Abel gezegend en Kaïn vervloekt?

3. Waarom werd Noach gered van de zondvloed?

4. Waarom sloot God een verbond met Abraham en sloot Hij nog geen verbond met andere volken?

5. Wie zijn de vorsten waarover gesproken wordt in Daniël 10:20-21?

6. Waar of niet waar. God zag alleen om naar Abraham, en God wilde nooit de andere volken zegenen. Leg jouw antwoord uit.

Leven onder de heerschappij van de duivel

7. Waar of niet waar. Er zijn in totaal twee geestelijke koninkrijken. Leg jouw antwoord uit.

8. Noem 8 kenmerken of eigenschappen van de duivel.

9. Waarom wordt de duivel de vader genoemd van degenen die in zonde leven?

10. Wat betekent het dat de duivel de vorst van de wereld wordt genoemd?

11. Hoe kan iemand overgezet worden van het koninkrijk van de duisternis naar het koninkrijk van God?

12. Wat wilde de duivel aan Jezus geven als Jezus de duivel zou aanbidden? En wat was Jezus Zijn reactie hierop?

Discussie- en toepassingsvragen

1. Wat vind jij van het idee dat iemand behoort tot God, of behoort tot de duivel en er geen middenweg is?

2. Waarom leven mensen in zonde? Noem een aantal redenen waarom iemand (onbewust) in zonde leeft.

3. Wat voor geestelijke vorst zou er over jouw land of stad hangen? Is dit een vorst van God of een vorst van de duisternis? Waarom denk je dit?

4. De duivel wordt de vorst van deze wereld genoemd. Wat betekent dit voor Christenen en moeten wij aandacht besteden aan de duivel?

5. Leer de volgende Bijbeltekst uit jouw hoofd:
'Hij heeft ons getrokken uit de macht van de duisternis en overgezet in het Koninkrijk van de Zoon van Zijn liefde.' (Kolossenzen 1:13)

Antwoorden

1. Gods bedoeling was om Adam, Eva en hun nageslacht te zegenen, en heerschappij te geven over de aarde. Dit plan werd verhinderd door de ongehoorzaamheid van Adam, en de leugens van de duivel. Dit zorgde ervoor dat de mensen uit de zegen en het verbond van God vielen.

2. Abel werd gezegend omdat hij zijn eerstgeborene van zijn vee uit geloof gaf. Kaïn gaf pas na verloop van tijd een offer aan God en daardoor werd hij niet gezegend. Kaïn werd vervloekt vanwege de moord op zijn broer Abel.

3. Noach werd gered vanwege zijn rechtvaardigheid en oprechtheid, en omdat hij met God wandelde, terwijl de rest van de mensheid in zonde leefde.

4. God koos Abraham uit vanwege zijn gehoorzaamheid en geloof. Abraham verliet zijn land, familie en huis om God te volgen, en daarom sloot God een verbond met hem. God sloot geen verbond met andere volken, omdat die volken afgoden aanbaden en een andere god over zichzelf hadden aangesteld.

5. Deze vorsten zijn geen aardse koningen, maar geestelijke machten die heersen over specifieke landen of gebieden onder leiding van de duivel. In het voorbeeld van Daniël 10:20-21 gaat het om de geestelijke vorst over Perzië, Griekenland en Israël (Israël had een goede vorst, de aartsengel Michaël).

6. Dit is niet waar. Toen God Abraham zegende, zei God: '*Ik zal zegenen wie u zegenen, en wie u vervloekt, zal Ik vervloeken; en in u zullen alle geslachten van de aardbodem gezegend worden.*' (Genesis 12:3) Oftewel, God dacht er aan om andere volken door Abraham heen te zegenen. Daarnaast ging God ook verbonden aan met andere volken in het Oude Testament, zoals het nageslacht van Lot.

7. Waar. In totaal zijn er maar twee geestelijke koninkrijken. Je hebt het koninkrijk van God, waar Jezus Koning is, en je hebt het koninkrijk van de duisternis.

8.

Kenmerk	Bijbeltekst
Liegen	Johannes 8:44
Misleiden	Handelingen 13:10
Verleiden	Efeze 6:11
(het Woord van God) stelen	Markus 4:15
Angst geven	Romeinen 8:15
Bemoeizuchtig, een bemoeial zijn	1 Timotheüs 5:14
Lasteren	1 Timotheüs 5:14
Aanklagen	Zacharia 3:1
Haten	1 Johannes 3:10
Moorden	Johannes 8:44
Verzoeken met zonden / ongehoorzaamheid	Mattheüs 4:1
Gevangennemen en mensen laten lijden	Openbaring 2:10
Wil aanbeden worden/zijn als God	Lukas 4:7
Verraden	Johannes 13:2
Ziek maken / mensen overweldigen	Handelingen 10:38
Afgunstig en egoïstisch zijn	Jakobus 3:14-16
Wil mensen verslinden	1 Petrus 5:8
Valse apostelen, Messiassen of leraren sturen	2 Korinthe 11:14
Wetteloos leven	Mattheüs 13:41
Elke andere vorm van zonde	1 Johannes 3:8

9. De duivel wordt de vader genoemd vanwege zijn invloed op de mensen die in zonde leven, omdat zij zijn begeerten en werken navolgen, waardoor zij geestelijk zijn kinderen zijn geworden. Zij willen namelijk de duivel nadoen in zijn werken.

10. Wanneer de duivel wordt beschreven als de 'vorst van deze wereld', betekent dit dat hij tijdelijk en op een zekere manier een gedeeltelijke controle en heerschappij heeft over de wereld. Deze titel laat zien dat de duivel invloed heeft op de gang van zaken in de wereld, met name door middel van zonde, misleiding en verleiding.

11. Iemand wordt overgezet van het koninkrijk van de duisternis naar het koninkrijk van God door geloof in Jezus Christus als Verlosser en Heer. Dit houdt in dat die persoon erkent dat hij gezondigd heeft, berouw toont van zijn zonden, en gelooft dat Jezus stierf voor zijn zonden en weer opstond uit de dood. Door dit geloof ontvangt hij de vergeving van zonden en wordt hij een kind van God.

12. Dit verhaal staat in Lukas 4:5-8: '*En daarna bracht de duivel Hem op een hoge berg en liet Hem in een ogenblik tijd al de koninkrijken van de wereld zien. En de duivel zei tegen Hem: Ik zal U al deze macht en de heerlijkheid van deze koninkrijken geven, want die is aan mij overgegeven en ik geef die aan wie ik maar wil; dus, als U mij zult aanbidden, zal het allemaal van U zijn. Maar Jezus antwoordde en zei tegen hem: Ga weg van Mij, satan, want er staat geschreven: U zult de Heere, uw God, aanbidden en Hem alleen dienen.*'

H9 SLAAF VAN DE ZONDE

Leven onder de toorn van God

1. Hoe uit zich de toorn van God volgens Romeinen 1:18-32?

2. Waarom kunnen mensen zich volgens Paulus niet verontschuldigen voor God en kan iedereen tot het besef komen dat God leeft?

Slaaf van de zonde

3. Wat is het 'loon' van de zonde volgens Romeinen 6:23?

4. Waar of niet waar. De mens blijft voor altijd een slaaf van de zonde, ook wanneer hij wedergeboren is. Leg jouw antwoord uit.

5. Waar waarschuwde Petrus voor in 2 Petrus 2:19?

Conclusie

6. Wat is de enige mogelijkheid om gered te worden van het oordeel en de toorn van God?

Discussie- en toepassingsvragen

1. Leg in jouw eigen woorden uit waarom iemand een slaaf is wanneer hij de wet van Mozes probeert te onderhouden, en waarom iemand een slaaf is als hij in zonde leeft.

2. Stel, een ongelovige zegt tegen jou: 'Ik leef in vrijheid, want ik mag doen wat ik wil. Jij leeft gebonden, want je moet God gehoorzamen.' Hoe zou je op deze uitspraak reageren, nu je deel 2 van dit boek bestudeerd hebt?

3. Wat vertelt de toorn van God over het karakter van God?

4. Had jij (in het verleden) ervaren dat je 'een slaaf van de zonde' was? Waaruit bleek dit?

5. Leer de volgende Bijbeltekst uit jouw hoofd:
'*Want de toorn van God wordt geopenbaard vanuit de hemel over alle goddeloosheid en ongerechtigheid van de mensen, die de waarheid in ongerechtigheid onderdrukken.*' (Romeinen 1:18)

Antwoorden

1. De toorn van God uit zich volgens Romeinen 1:18-32 door Zijn reactie op de zonde, en uit zich op het onrecht van mensen die de waarheid geweld aandoen door hun onrechtvaardigheid. In deze verzen beschrijft Paulus hoe God degenen die zich afkeren van Hem, overgeeft aan hun verlangens en hen laat afglijden in steeds diepere zonden. Dit resulteert in een toename van goddeloosheid, afgoderij, onreine relaties, leugens en andere verwerpelijke daden onder degenen die Zijn waarheid onderdrukken. Deze afwijzing van God leidt tot geestelijke blindheid en een verdere verharding van het hart, waardoor mensen steeds verder van Hem afdrijven en uiteindelijk onder Zijn eeuwige toorn vallen.

2. Paulus stelt dat iedereen een besef van God heeft gekregen, omdat Zijn onzichtbare eigenschappen waarneembaar zijn in Zijn werken. Daarom is er geen excuus voor ongeloof.

3. Het 'loon' van de zonde is de dood, zowel geestelijk als fysiek.

4. Niet waar. Wanneer een persoon wedergeboren is, betekent dit dat hij of zij een nieuwe schepping is geworden in Christus (2 Korinthe 5:17). Door het geloof in Jezus Christus ontvangt de gelovige vergeving van zonden en wordt hij of zij bevrijd van de macht van de zonde (Romeinen 6:6-7). Dit betekent niet dat de gelovige nooit meer zal zondigen, maar wel dat hij of zij niet langer een slaaf van de zonde is zoals voorheen.

5. Petrus waarschuwde voor dwaalleraren die de gelovigen probeerden te verleiden om in zondige begeerten te leven. Dit is geen echte vrijheid, maar dit is een slavenjuk van de zonde.

6. De enige mogelijkheid om gered te worden is door te geloven in Jezus Christus, Gods Zoon, die de toorn en het oordeel van God gedragen heeft door zijn offer aan het kruis.

H10 WAT IS GENADE?

De betekenis van de genade

1. Wat zijn enkele voorbeelden van genade uit het Oude Testament?

2. Wat is het Griekse woord voor genade en wat betekent het precies?

3. Waarom wordt in dit boek de liefdegave van de gemeente in Korinthe aan de gemeente in Jeruzalem als voorbeeld van genade genoemd?

4. Vergelijk, in jouw eigen woorden, Gods genade met de relatie tussen een ouder en een kind.

Gods liefde

5. Waarom is God genadig voor ons?

6. Waarom had God het recht om de mensheid te straffen en niet naar de mensen om te zien?

7. Noem drie Bijbelteksten die laten zien dat God van ons houdt.

8. Wat wordt bedoeld met 'genade op genade' volgens Johannes 1:16-17?

Het evangelie van de genade

9. Wat wordt er precies bedoeld met 'het evangelie van de genade'?

10. Hoe wordt Gods genade in iemand zijn leven voor het eerst geactiveerd?

11. Wat betekent het dat 'genade vermeerderd kan worden'? En hoe kan genade vermeerderd worden?

Gerechtvaardigd uit genade

12. Hoe kan iemand rechtvaardig worden voor God?

13. Wat betekent de uitspraak 'Hem Die geen zonde gekend heeft, heeft Hij voor ons tot zonde gemaakt'?

De Romeinenbrief

14. Hoe wordt rechtvaardigheid volgens de Romeinenbrief verkregen?

15. Hoe wordt Abraham in de Romeinenbrief gebruikt als voorbeeld van rechtvaardiging door geloof?

16. Hoe wordt de genade van God vergeleken met de zonde van Adam in de Romeinenbrief?

Vergeven uit genade

17. Waarom kan een wedergeboren gelovige niet meer veroordeeld worden voor zijn vroegere zonden?

18. Waar of niet waar. Vergeving laat Gods genade zien. Leg jouw antwoord uit.

God werkt met genade

19. Noem 5 genadegaven die God aan ons wil geven.

20. Waar of niet waar. Doordat God ons vergeeft, kunnen wij blijven zondigen. Leg jouw antwoord uit.

21. Waar of niet waar. Je kan door je goede werken de Heilige Geest ontvangen. Leg jouw antwoord uit.

22. Wat betekent volgens Titus 2:11 dat Gods zaligmakende genade aan alle mensen is verschenen? Is iedereen gered?

Discussie- en toepassingsvragen

1. In hoeverre ben jij je ervan bewust dat alles wat je hebt en bent komt door de genade van God, en niet door je eigen goede werken?

2. Hoe kan je Gods liefde en genade laten zien aan de mensen om je heen?

3. Wat spreekt jou persoonlijk het mooiste aan in het leven van de gelovige Abraham?

4. Waarom is het belangrijk om te beseffen dat God alles in genade geeft en wij het niet ontvangen door het doen van goede werken?

5. Leer de volgende Bijbeltekst uit je hoofd:
'Want Hem Die geen zonde gekend heeft, heeft Hij voor ons tot zonde gemaakt, opdat wij zouden worden gerechtigheid van God in Hem.' (2 Korinthe 5:21)

Antwoorden

1. Voorbeelden uit het Oude Testament zijn onder andere Lot die genade vond om te worden gered uit Sodom, de Israëlieten die genade ontvingen van de Egyptenaren tijdens de Exodus en veel bezittingen meekregen, en Boaz die Ruth genade schonk door met haar te trouwen en haar te onderhouden.

2. Het Griekse woord voor genade is 'charis', wat onder andere 'genade', 'dank', 'gunst', 'welgevallen' of 'liefdebewijs' betekent.

3. Het wordt genoemd als voorbeeld van genade omdat het een vrijwillig geschenk was, niet opgelegd door verplichting, maar uit welwillendheid en vrijgevigheid.

4. Gods genade, zoals de liefde van een ouder voor een kind, overstijgt verdiensten. Zoals ouders onvoorwaardelijk voor hun baby zorgen, schenkt God ons genade zonder dat we het verdienen. Net zoals ouders van hun kind houden, ongeacht zijn fouten, blijft Gods liefde voor ons. Het is een onverdiende gunst die voortkomt uit zijn liefde als onze Vader.

5. God is genadig vanwege Zijn karakter van liefde voor ons, ondanks dat we gezondigd hebben en ongehoorzaam waren. We hebben het totaal niet verdiend, maar door Gods liefde is Hij genadig.

6. God had het recht om de mensheid te straffen vanwege hun ongehoorzaamheid aan God en het gehoorzamen van de duivel. Dit is iets wat begon bij Adam en Eva. Ze waren God ongehoorzaam, en besloten om de duivel te gehoorzamen door de vrucht te eten van de boom van kennis van goed en kwaad.

7. 1. Johannes 3:16: *'Want zo lief heeft God de wereld gehad, dat Hij Zijn eniggeboren Zoon gegeven heeft, opdat ieder die in Hem gelooft, niet verloren gaat, maar eeuwig leven heeft.'*
2. Romeinen 8:38-39: *'Want ik ben ervan overtuigd dat noch dood, noch leven, noch engelen, noch overheden, noch krachten, noch tegenwoordige, noch toekomstige dingen, noch*

hoogte, noch diepte, noch enig ander schepsel ons zal kunnen scheiden van de liefde van God in Christus Jezus, onze Heere.'
3. 1 Johannes 4:19: *'Wij hebben Hem lief, omdat Hij ons eerst liefgehad heeft.'*

8. 'Genade op genade' in Johannes 1:16-17 verwijst naar de overvloedige genade die God ons schenkt. Het betekent dat Gods genade voortdurend wordt gegeven, als een voortdurende stroom van zegeningen en gunsten. Door Jezus Christus hebben we toegang tot deze overvloedige genade, die ons leven doordringt en ons in staat stelt om te leven in de vrijheid en liefde van God.

9. Het evangelie van genade verwijst naar de boodschap van redding en eeuwig leven dat Jezus Christus ons gratis aanbiedt, Dit is niet verdiend door onze eigen werken, maar uit Gods overvloedige goedheid en genade.

10. Genade wordt geactiveerd door geloof en komt wanneer iemand Gods genade aanneemt door te geloven in Jezus als Redder en Verlosser.

11. 'Genade vermeerderen' betekent niet dat Gods genade vergroot kan worden, want deze is al oneindig groot. Dit laat zien dat wij zelf kunnen groeien in de genade van God en Zijn genade steeds meer kunnen ontdekken. Om dit te ontdekken, zijn geloof en openbaring erg belangrijk. Door een dieper begrip van Gods genade door Jezus Christus kunnen we groeien in onze relatie met Hem.

12. Niemand kan door eigen werken rechtvaardig worden voor God. Rechtvaardigheid komt alleen door geloof in Jezus Christus, die het oordeel van onrechtvaardigen op zich nam. Iedereen die gelooft In Jezus Christus, zal rechtvaardig worden.

13. Deze uitspraak verwijst naar het plaatsvervangend offer van Jezus Christus. Jezus was perfect volmaakt. Hij nam de zonden van de mensheid op zich, zodat zij Gods rechtvaardigheid

konden ontvangen in Hem. Jezus nam dus onze zonden, en gaf Zijn rechtvaardigheid aan ons.

14. Rechtvaardigheid wordt volgens de Romeinenbrief verkregen door genade en geloof, niet door werken van de wet.

15. In de Romeinenbrief gebruikt Paulus Abraham als een krachtig voorbeeld van rechtvaardiging door geloof. Dit staat in Romeinen 4.
1. Abrahams geloof als rechtvaardigheid: Paulus benadrukt dat Abraham, de aartsvader van het geloof, niet gerechtvaardigd werd door werken, maar door zijn geloof in God. Hij citeert Genesis 15:6, waar staat: *'Abraham geloofde God, en het werd hem tot gerechtigheid gerekend.'* Dit toont aan dat Abrahams rechtvaardigheid niet voortkwam uit zijn eigen verdiensten of werken, maar uit zijn geloof in God.
2. Beloning op basis van geloof, niet werken: Paulus legt uit dat als Abraham gerechtvaardigd zou zijn op basis van werken, hij een beloning zou verdienen. Maar het is niet op basis van verdiensten, anders zou het niet genade zijn maar een verplichting. In plaats daarvan wordt Abrahams geloof gerekend tot rechtvaardigheid, wat aantoont dat rechtvaardiging een geschenk is dat wordt ontvangen door geloof, dit is niet verdiend door werken.

16. Paulus begint in deze tekst door te zeggen dat de zonde de wereld is binnengekomen door één mens, namelijk Adam. Door de zonde van Adam kwam de dood in de wereld, en de zonde heeft zich verspreid naar alle mensen omdat allen gezondigd hebben. Vervolgens legt Paulus uit dat de genade van God veel overvloediger is dan de zonde van Adam. Terwijl de zonde en dood door Adam heersten, regeert nu de genade van God door Jezus Christus, die door Zijn offer aan het kruis verzoening heeft gebracht voor allen die in Hem geloven. Tot slot benadrukt Paulus dat waar de zonde heerste tot de dood, nu de genade heerst door rechtvaardigheid tot eeuwig leven door Jezus Christus.

17. Een wedergeboren gelovige kan niet meer veroordeeld worden, omdat God het document met al onze tekortkomingen en zonden heeft uitgewist. De straf op onze zonden is gedragen door Jezus Christus, waardoor er geen grond meer is voor veroordeling.

18. Waar. Vergeving laat Gods genade zien omdat het tonen van genade inhoudt dat iemand vrijwillig de straf kwijtscheldt die een ander eigenlijk verdient. In het geval van vergeving van zonden, scheldt God ons de straf kwijt die we vanwege onze zonden verdiend hadden.

19. Denk bijvoorbeeld aan: vergeving van zonden, de Heilige Geest, het eeuwige leven, krachtgaven van de Geest, financiële zegeningen, wijsheid en kennis, werk en talenten, geloof, genezing, bevrijding, etc.

20. Niet waar. God heeft ons niet alleen de genade gegeven dat Hij ons wil vergeven, God heeft ons ook de genade gegeven om los te breken van de zondemacht en om heilig te leven.

21. Niet waar. De Heilige Geest ontvangen wij als genadegave van God. We hoeven de Geest niet te verdienen, God wil het ons graag schenken.

22. Titus 2:11 zegt dat Gods zaligmakende genade aan iedereen is verschenen. Iedereen maakt aanspraak op Zijn genade. Maar mensen moeten deze genade ontvangen door het geloof. Dit betekent dus niet dat iedereen gered is, alleen de mensen die dit ontvangen in geloof.

H11 PRIJS VAN DE GENADE

Gods prijs: Zijn geliefde Zoon

1. Wat betekent het volgens Filippenzen 2:6-8 dat Jezus zich vernederde en gehoorzaam was tot de dood aan het kruis?

Het verhaal van Jezus Christus

2. Waarom is het belangrijk om steeds terug te keren naar het verhaal van Jezus Christus, zelfs als we het al vaak hebben gehoord?

3. Hoe laat het verhaal van Jezus de volmaakte liefde en genade van God zien?

4. Wat betekent de uitroep 'Het is volbracht' vlak voor Jezus Zijn dood aan het kruis?

Jouw probleem is betaald

5. Wat betekent het volgens Romeinen 6:10-11 dat Jezus onze dood heeft gestorven?

6. Noem een Bijbeltekst die laat zien dat Jezus onze ziekten en zwakheden droeg aan het kruis.

7. Waar of niet waar. Jezus droeg de vloek van de wet aan het kruis van Golgotha. Leg jouw antwoord uit.

8. Waarom scheurde het voorhangsel in de tempel in tweeën toen Jezus overleed aan het kruis?

Discussie- en toepassingsvragen

1. In de Bijbel staat het verhaal van Jezus in vier evangeliën, namelijk in Mattheüs, Markus, Lukas en Johannes. Welk evangelie vind jij het mooist en waarom?

2. Lees het verhaal over de kruisiging van Jezus in Mattheüs 26 en 27. Wat spreekt jou het meeste aan en waarom?

3. Heb jij het evangelie van Jezus wel eens gedeeld met iemand die nog niet gelooft? Waarom wel of waarom niet?

4. Wat vind jij ervan dat in Nederland verschillende feestdagen worden gevierd om het verhaal van Jezus te herdenken? Denk aan Kerst, Pasen, Hemelvaartsdag en Pinksteren. Is dit goed?

5. Leer de volgende Bijbeltekst uit je hoofd:
'Jezus zei tegen hem: Ik ben de Weg, de Waarheid en het Leven. Niemand komt tot de Vader dan door Mij.' (Johannes 14:6)

Antwoorden

1. Volgens Filippenzen 2:6-8 betekent het dat Jezus zich vernederde door Zijn goddelijke heerlijkheid en privileges als Zoon van God op te geven. Hij nam de gestalte aan van een dienaar en werd gelijk aan de mensheid door als mens op aarde te leven. Jezus gehoorzaamde volledig aan de wil van God de Vader, zelfs tot het punt van de dood aan het kruis. Concreet betekent dit dat Jezus vrijwillig afstand deed van Zijn Goddelijke positie en macht, zichzelf vernederde door mens te worden, en gehoorzaam was aan Gods plan om de mensheid te redden, zelfs als dit betekende dat Hij moest sterven aan het kruis als een offer voor de zonden van de wereld.

2. Het is belangrijk om steeds terug te keren naar het verhaal van Jezus omdat door Zijn dood aan het kruis wij compleet hersteld zijn. Zijn offer en bloed zijn het krachtigste middel op aarde dat voor ons beschikbaar is. Jezus Zijn offer en Zijn leven vormen de kern van het evangelie.

3. Het verhaal van Jezus laat de volmaakte liefde van God zien doordat Hij Zijn enige Zoon stuurde om voor ons te sterven, en het toont volmaakte genade omdat alle genade die God ons kan geven is betaald aan het kruis.

4. De uitroep 'Het is volbracht' betekent dat het werk van Jezus tot een einde kwam. Jezus had het werk voltooid, en had betaald voor onze rechtvaardigheid. Jezus hoeft niets extra te doen om mensen te kunnen rechtvaardigen, alles is al voltooid. De mens kan dit nu aannemen in geloof.

5. Dit betekent dat Jezus eens en voor altijd voor de zonde is gestorven, zodat wij een geheiligd leven kunnen ontvangen in gemeenschap met God. De dood die wij verdienden, had Jezus gedragen.

6. Dit staat in Mattheüs 8:16-17: '*Toen het nu avond geworden was, brachten ze velen die door demonen bezeten waren, bij Hem, en Hij dreef de boze geesten uit met een enkel woord, en Hij genas allen die er slecht aan toe waren, opdat vervuld werd*

wat gesproken was door de profeet Jesaja toen hij zei: Hij heeft onze zwakheden op Zich genomen, en onze ziekten gedragen.'

7. Dit is waar. Dit staat namelijk in Galaten 3:13: '*Christus heeft ons vrijgekocht van de vloek van de wet door voor ons een vloek te worden, want er staat geschreven: Vervloekt is ieder die aan een hout hangt.*'

8. Het scheuren van het voorhangsel liet zien dat door Jezus Zijn offer aan het kruis, de scheiding tussen God en de mens werd opgeheven. De gelovigen hadden nu rechtstreeks toegang tot God door het offer van Jezus Christus.

H12 DE WEDERGEBOORTE

1. Welke voorwaarden worden in dit hoofdstuk genoemd om de genade van God te ontvangen?

De onderdelen van de mens

2. Hoe wordt het lichaam omschreven in dit hoofdstuk en wat is de functie van het lichaam?

3. Wat is het verschil tussen de ziel en de geest?

4. Waarom wordt gezegd dat de geest van de mens 'dood' is voordat deze wedergeboren wordt?

5. Wat is de wedergeboorte?

6. Waar of niet waar. De ziel van de mens is tijdens de wedergeboorte volmaakt geworden. Leg jouw antwoord uit.

Sleutel 1: De wedergeboorte

7. Waarom is bekering belangrijk in het proces van wedergeboorte?

8. Wat gebeurt er geestelijk gezien bij de waterdoop?

9. Waarom wordt de doop in de Heilige Geest beschouwd als een extra aparte stap na de waterdoop?

10. Welke rol speelt de Heilige Geest bij de wedergeboorte?

11. Wat is het verband tussen rechtvaardigheid en wedergeboorte?

12. Waar of niet waar. Alle drie de gebeurtenissen van de wedergeboorte kunnen op dezelfde dag plaatsvinden. Leg jouw antwoord uit.

13. Hoe kan je de Heilige Geest ontvangen?

Sleutel 2: Ontvang Gods openbaring

14. Wat wordt er bedoeld met het woord 'openbaring'?

15. Welke rol speelt de Heilige Geest bij het ontvangen van openbaring?

16. Waarom is de wedergeboorte belangrijk voor het ontvangen van openbaring?

17. Wat zijn enkele manieren waarop je Gods openbaring kan ontvangen?

18. Hoe kan het bidden in tongen bijdragen aan het ontvangen van openbaring?

19. Wat is het doel van het ontvangen van openbaring?

20. Waar of niet waar. God geeft ons alleen algemene openbaringen, die voor iedere gelovige geldt. Leg jouw antwoord uit.

Sleutel 3: Jouw geest is rechtvaardig

21. Waarom is het moeilijk om onderscheid te maken tussen de Heilige Geest en de geest van de mens?

22. Ons lichaam kunnen wij zien door naar een spiegel te kijken. Maar hoe kunnen we onze geestelijke mens zien?

23. Wat betekent het volgens 1 Johannes 3 dat we gelijk zullen zijn aan Jezus wanneer Hij wordt geopenbaard?

24. Waar of niet waar. Doordat onze geest volmaakt is, zijn onze handelingen ook altijd goed en volmaakt. Leg je antwoord uit.

Discussie- en toepassingsvragen

1. Heb jij alle drie de onderdelen van de wedergeboorte gehad? Dus bekering, de waterdoop en de doop in de Heilige Geest?

2. Wat vind jij van het idee dat de mens een drie-eenheid is en bestaat uit een lichaam, ziel en geest?

3. Wat is de mooiste openbaring die jij van de Heilige Geest hebt ontvangen en waarom is dit de mooiste openbaring?

4. Probeer deze week aan een wedergeboren gelovige uit te leggen dat zijn geest nu al volmaakt is geworden, terwijl zijn handelingen nog niet altijd volmaakt kunnen zijn.

5. Leer de volgende Bijbeltekst uit je hoofd:
'En Petrus zei tegen hen: Bekeer u en laat ieder van u gedoopt worden in de Naam van Jezus Christus, tot vergeving van de zonden; en u zult de gave van de Heilige Geest ontvangen.'
(Handelingen 2:38)

Antwoorden

1. De voorwaarden om de genade van God volmaakt te ontvangen omvatten het kennen, willen ontvangen, geloven en praktisch toepassen van Gods genadeboodschap.

2. Het lichaam wordt beschreven als het aardpak waarin wij leven, met alle zichtbare delen zoals hoofd, buik, benen, armen en organen. Het lichaam stelt ons in staat om te bewegen op aarde.

3. De ziel is de menselijke kant waarin de wil, emoties, karakter, persoonlijkheid, gevoelens en gedachten bevinden. De geest is de geestelijke kant waarmee de mens contact kan maken met God en de geestelijke wereld.

4. Dit betekent niet dat de mens geen geest heeft, maar dat de geest nog niet is geactiveerd of tot leven is gekomen door de wedergeboorte, waardoor er geen levende relatie met God is. Op het moment van de wedergeboorte wordt de geest geactiveerd, en kunnen wij met onze geest contact maken met God.

5. De wedergeboorte is het moment dat de geest van de mens tot leven komt en volmaakt wordt doordat de relatie met God is hersteld. Tijdens de wedergeboorte wordt dus de geest van de mens 'geboren'.

6. Niet waar. De ziel van de mens wordt niet volmaakt tijdens de wedergeboorte. De wedergeboorte heeft betrekking op de geest van de mens, die opnieuw tot leven komt door geloof in Jezus Christus. De geest wordt vernieuwd en hersteld in relatie met God. De ziel van de mens ondergaat wel veranderingen door het vernieuwende werk van de Heilige Geest na de wedergeboorte. Dit is een doorlopend proces waarbij de ziel geleidelijk wordt getransformeerd naar het beeld van Christus.

7. Bekering betekent omkeren van een leven gericht op zonde naar een leven gericht op Jezus en Zijn heiligheid. Het is de eerste stap van wedergeboorte en is daardoor dus het begin van het

afleggen van de oude mens, en het wandelen in de nieuwe (wedergeboren) mens.

8. De waterdoop zorgt voor de dood van de oude mens en de opstanding tot een nieuw leven in Christus. Het is een belangrijk onderdeel van de wedergeboorte. Samen met Jezus sterven wij in het doopbad, en samen met Jezus staan wij weer op in een nieuw leven.

9. De doop in de Heilige Geest vindt niet automatisch plaats wanneer iemand tot geloof komt. Het is een speciaal en bijzonder moment dat losstaat van de bekering en de waterdoop. Niet iedere gelovige is gedoopt in de Heilige Geest, maar iedere gelovige kan wel gedoopt worden door de Geest.

10. De Heilige Geest speelt een erg belangrijke rol bij de wedergeboorte. Het is de Heilige Geest die mensen overtuigd van zonde, gerechtigheid en oordeel. Het is de Heilige Geest die in het leven van de mens komt, en de mens wil leiden en onderwijzen. De Heilige Geest is ook ons zegel en onderpand.

11. Zonder wedergeboorte is rechtvaardigheid niet mogelijk. Wedergeboorte opent de weg naar het leven in rechtvaardigheid en het genieten van Gods zegeningen in het koninkrijk. Je hebt de Heilige Geest nodig om rechtvaardig te kunnen leven.

12. Waar. Alle drie de gebeurtenissen van de wedergeboorte kunnen op dezelfde dag plaatsvinden. God wil ons in één keer herstellen. Het is Gods verlangen dat wij ons direct bekeren, de waterdoop ondergaan en vervolgens de doop in de Heilige Geest ontvangen. Doordat sommige mensen niet weten dat de waterdoop en de Heilige Geest ontvangen zo belangrijk zijn, is het gebeurd dat iemand eerst tot geloof komt, en pas maanden of jaren later gedoopt wordt in water en gedoopt wordt met de Heilige Geest. Maar dit was nooit Gods bedoeling geweest.

13. In dit boek hebben wij naar een aantal stappen gekeken om de Heilige Geest te ontvangen. Dit zijn de stappen die wij behandeld hebben:

Stap 1: Vraag God om de Heilige Geest.
Stap 2: Dank en aanbidt God voor de genade die Hij aan ons geeft.
Stap 3: Zoek Geestvervulde gelovigen op om jou te helpen.

14. Openbaring betekent het ontvangen van verborgen kennis of geheimenissen die in het hart worden ontvangen, openbaring gaat niet alleen over kennis in het hoofd hebben, maar leven in die waarheden.

15. De Heilige Geest opent harten voor openbaring, helpt met het begrijpen en uitvoeren van Bijbelse waarheden, en transformeert gelovigen om te leven naar Gods openbaring.

16. De wedergeboorte maakt het mogelijk voor de Heilige Geest om in een persoon te wonen en hen te onderwijzen en te leiden in waarheid en openbaring.

17. Enkele manieren om openbaringen te ontvangen, zijn: meditatie op Gods Woord, bidden in tongen, vasten, luisteren naar getuigenissen en preken, lezen van Christelijke boeken, en ontvangen van (persoonlijke) profetieën.

18. Bidden in tongen bouwt een persoon geestelijk op en stelt hem open om door de Geest gegeven openbaringen te ontvangen. Door in tongentaal te bidden ben je ook meer gefocust op het geestelijke.

19. Het doel van openbaring is om een diepere relatie met God te hebben, om Zijn waarheid te begrijpen en te leven naar Zijn wil, en om geestelijke groei en vrucht voort te brengen in jouw leven.

20. Niet waar. God wil ons ook persoonlijke openbaringen geven voor ons eigen leven. Dit kan God doen door profetie of door tot ons te spreken. Denk bijvoorbeeld aan jouw specifieke roeping en bediening van God.

21. De Heilige Geest en de geest van de mens zijn één geworden, waardoor ze soms moeilijk te onderscheiden zijn in hun werking binnen een gelovige.

22. We kunnen onze volmaakte geest zien door de Bijbel te lezen en te begrijpen dat de Bijbel spreekt over ons nieuwe en wedergeboren geest.

23. Wanneer Jezus wordt geopenbaard, zullen we Hem zien zoals Hij is, en op dat moment zullen onze lichamen en zielen volmaakt worden, zoals onze geest al is.

24. Niet waar. Het klopt dat onze geest volmaakt is geworden. Maar onze ziel en lichaam zijn nog niet volmaakt. Hierdoor kan het dat wij geestelijk gezien rechtvaardig zijn, maar toch nog een zonde kunnen begaan. Het is belangrijk om steeds meer gericht te zijn op de Heilige Geest en niet op onze zondige natuur.

H13 HET NIEUWE LEVEN

1. Leg uit waarom de wedergeboorte een momentopname is en wat dit betekent voor het leven van een gelovige na de wedergeboorte.

2. Wat betekent het om een heilig leven te leiden volgens de Bijbel, en waarom is dit belangrijk na de wedergeboorte?

Sleutel 4: Jij leeft niet meer

3. Waarom is het belangrijk om te begrijpen dat onze zondige natuur is gestorven?

4. Hoe kunnen we onze zondige natuur dood houden?

5. Wat betekent het om 'met Christus gestorven' te zijn volgens Romeinen 6:8?

6. Hoe kan het zijn dat we soms zonde in ons leven ervaren, ondanks dat onze zondige natuur dood is?

7. Leg uit waarom het belangrijk is om ons niet opnieuw tot slaaf te laten maken van de zonde.

Sleutel 5a: Wees een slaaf van het goede

8. Wat zegt Paulus in Romeinen 6:13 over hoe we onze leden moeten gebruiken?

9. Waarom is het volgens Paulus belangrijk om goede dingen te doen met ons lichaam?

10. Noem een aantal Bijbelteksten die zeggen dat wij in plaats van het kwade het goede moeten doen.

Sleutel 5b: Verander jouw gedachten

11. Waarom is het vernieuwen van onze gedachten belangrijk?

12. Wat zijn voorbeelden van 'aardse' gedachten die we moeten vermijden?

13. Wat betekent het om 'verkeerde gedachten gevangen te nemen'?

14. Noem enkele manieren waarop je je denken kunt vernieuwen.

Sleutel 6: Leef in relatie met God en gelovigen

15. Waarom wordt het volgens Spreuken 22:24-25 afgeraden om te veel tijd door te brengen met mensen die in (erge) zonde leven?

16. Hoe kan een persoonlijke relatie met God ons helpen veranderen om anders te denken?

Discussie- en toepassingsvragen

1. In dit hoofdstuk lazen wij dat ons oude natuur dood is. Ervaar jij ook dat jouw oude natuur dood is? Of probeert de oude natuur soms nog terug te komen?

2. Stel, een wedergeboren gelovige komt naar jou toe en hij heeft te maken met zonde in zijn leven. Wat voor adviezen kan jij hem geven om los te breken van de zonde?

3. Wat voor gedachten heb jij? Wat zijn mooie en goede gedachten en welke gedachten kan je beter krijgsgevangen nemen?

4. Ben jij makkelijk te beïnvloeden door andere mensen? Zo ja, wie kunnen jou beïnvloeden en beïnvloeden zij jou op een goede of verkeerde manier?

5. *'Maar nu, van de zonde vrijgemaakt en aan God dienstbaar gemaakt, hebt u uw vrucht, die tot heiliging leidt, met als einde eeuwig leven.'* (Romeinen 6:22)

Antwoorden

1. De wedergeboorte is een enkel moment waarop iemand tot geloof komt en door geloof in Jezus Christus een nieuwe schepping wordt. Dit betekent dat het een definitieve verandering in de geest van de gelovige markeert, waarbij hij of zij met Christus is verbonden. Hoewel de wedergeboorte een vaststaand moment is, is groei in genade een voortdurend proces na de wedergeboorte. Het is belangrijk om Jezus te blijven volgen, en onze daden steeds meer in lijn te laten brengen met onze wedergeboren geest.

2. Een heilig leven leiden betekent leven in gehoorzaamheid aan Gods geboden en afgezonderd zijn van zonde. Het is belangrijk na de wedergeboorte, omdat God ons heeft geroepen tot heiligheid en niet tot het doen van zonden. Gods genade is geen vrijbrief voor zonde, maar een uitnodiging tot een leven dat aangenaam is voor Hem.

3. Het begrijpen dat onze zondige natuur is gestorven helpt ons om te beseffen dat we niet langer slaven van de zonde hoeven te zijn. We hebben een nieuwe identiteit ontvangen in Christus en kunnen in vrijheid wandelen. Wie wij vroeger waren, zijn wij nu niet meer.

4. We houden onze zondige natuur dood door ons te richten op Gods goedheid, heiligheid en de leiding van de Heilige Geest. Het vereist een besluit om niet meer in zonde te leven en ons te richten op een heilig leven.

5. 'Met Christus gestorven zijn' betekent dat we deelhebben aan Zijn dood en opstanding. Onze oude zondige natuur is gekruisigd en begraven, en we leven nu voor God in Christus Jezus.

6. We kunnen nog zonde ervaren door oude denkpatronen en gewoonten, maar we moeten beseffen dat de zonde geen macht meer over ons heeft. Het vereist een vernieuwing van ons denken en een groei in het begrip van onze nieuwe identiteit in Christus.

7. Het is belangrijk omdat we zijn vrijgemaakt van de zonde-macht door Jezus Zijn genade. We moeten niet terugkeren naar een leven van zonde, maar in vrijheid wandelen als nieuwe scheppingen in Christus. De zonde leidt alleen naar ellende en de dood, terwijl de genade leidt tot eeuwig leven en zegen.

8. Romeinen 6:13: '*En stel uw leden niet ter beschikking aan de zonde als wapens van ongerechtigheid, maar stel uzelf ter beschikking aan God, als mensen die uit de doden levend geworden zijn. En laat uw leden wapens van gerechtigheid zijn voor God.*' Paulus zei dus dat wij onze leden, dat wil zeggen ons lichaam en onze capaciteiten, niet ter beschikking stellen aan de zonde, maar om onszelf beschikbaar te stellen aan God.

9. Het doen van goede dingen met ons lichaam houdt ons bezig en leidt ons af van de zonde. Het draagt bij aan een leven in overeenstemming met Gods wil en genade. Door het goede te doen, laten wij het kwade na. Daarnaast kunnen wij tot grote zegen zijn voor de mensen om ons heen, wanneer wij het goede doen.

10. Dit staat onder andere in: Romeinen 6:19, Efeze 4:28-32, Filippenzen 2:3-4, 1 Thessalonicenzen 4:7, 1 Thessalonicenzen 5:15 en 1 Timotheüs 6:10-18.

11. Het vernieuwen van onze gedachten is belangrijk omdat onze acties en daden voortkomen uit onze gedachten. Door onze gedachten te vernieuwen, kunnen we onze acties in lijn brengen met Gods wil en niet langer handelen vanuit onze zondige natuur.

12. Enkele voorbeelden van aardse gedachten zijn ontucht, on-reinheid, hartstocht, kwade begeerte, hebzucht, toorn, woede, slechtheid, laster, schadelijke taal en leugens.

13. Het betekent dat we bewust onze gedachten controleren en beoordelen of ze overeenstemmen met de wil van God. Verkeerde of zondige gedachten moeten worden 'gevangen' en onderworpen worden aan de gehoorzaamheid aan Christus.

14. Het bestuderen van Gods Woord zodat je weet wat de gedachten van God zijn over jou, denken aan hemelse en goede dingen, denken aan wat eerbaar is, het onderwerpen van gedachten aan de wil van Jezus, en leven in relatie met God en andere gelovigen.

15. Het wordt afgeraden om veel tijd door te brengen met mensen die in zonde leven, omdat we kunnen worden beïnvloed door hun gedrag en gewoonten. Als we ons omringen met mensen die zondige activiteiten normaal vinden, kunnen we onze eigen normen en waarden verschuiven en uiteindelijk zelf meer zonde gaan bedrijven.

16. Een persoonlijke relatie met God kan ons helpen veranderen door ons bewust te maken van onze zonden, ons te leiden naar een leven van rechtvaardigheid en liefde, en ons te vullen met Zijn Geest, die ons innerlijke kracht en sterkte geeft om verleidingen te weerstaan. Door met God op te trekken, zien wij hoe goed Hij is en willen wij op Hem lijken.

H14 LEVEN DOOR DE GEEST

1. Waar of niet waar. De Heilige Geest is een Persoon en kan daardoor op één plek tegelijk aanwezig zijn. Leg je antwoord uit.

De belofte in het Oude Testament
2. Wat is de profetie van Joël zoals geciteerd door Petrus op de Pinksterdag in Handelingen 2?

3. Hoe laat Ezechiël 36:25-27 de rol van de Heilige Geest zien in het leven van een gelovige?

Sleutel 7: Leven door de Geest
4. Wat betekent het om 'door de Geest te leven' in plaats van 'naar het vlees te leven'?

5. Wat is het verschil tussen het leven door de Geest en het leven door de wet van Mozes?

6. Wat wordt bedoeld met 'het denken van het vlees' tegenover 'het denken van de Geest' volgens Romeinen 8:5-6?

7. Waarom is de wedergeboorte belangrijk om te leven door de Geest?

8. Waarom is het belangrijk om de Heilige Geest ruimte te geven in ons leven?

9. Hoe kunnen gelovigen leven door de Geest en zich laten leiden door de Heilige Geest?

10. Hoe leidt de Heilige Geest volgens Romeinen 8:12-13 ons weg van zondige daden?

11. Waar of niet waar. Mensen kunnen tegelijkertijd wandelen in de Geest en in het vlees. Leg jouw antwoord uit.

12. Wat betekent het dat het vlees geen enkel nut heeft in Johannes 6:63?

Sleutel 8: De vrucht van de Geest

13. Uit welke 'onderdelen' bestaat de vrucht van de Geest?

14. Leg uit waarom de vrucht van de Geest niet bereikt kan worden door onze eigen werken, maar alleen door relatie met en gehoorzaamheid aan de Heilige Geest.

15. Wat betekent het dat de vruchten van de Geest groeien, en hoe kunnen we groeien in de vrucht van de Geest?

16. Wat is de relatie tussen 'in Christus blijven' en het ontwikkelen van de vrucht van de Geest?

Sleutel 9: Spreken in tongentaal

17. Wat zijn de geestelijke voordelen van het spreken in tongentaal?

18. Waarom is het spreken in tongentaal toegankelijk voor alle gelovigen?

19. Welke twee soorten tongentaal worden genoemd in dit hoofdstuk en wat is hun doel?

20. Welke tips worden in dit hoofdstuk aanbevolen om te beginnen met spreken in tongentaal?

Discussie- en toepassingsvragen

1. Ervaar jij de leiding van de Heilige Geest in jouw leven? Zo ja, hoe hoor jij het beste de stem van de Heilige Geest?

2. Lees de vrucht van de Geest in Galaten 5:22. Welke vrucht is bij jou het grootst? En welke vrucht(en) mogen nog groeien?

3. Leef jij naar de Geest of leef jij in het vlees? Waaruit blijkt dit?

4. Spreek jij in tongentaal? Zo ja, hoe ervaar je dit? Zo nee, zou je willen spreken in tongentaal?

5. Leer de volgende Bijbeltekst uit je hoofd:
'*Immers, zij die naar het vlees zijn, bedenken de dingen van het vlees, maar zij die naar de Geest zijn, de dingen van de Geest. Want het denken van het vlees is de dood, maar het denken van de Geest is leven en vrede.*' (Romeinen 8:5-6)

Antwoorden

1. Niet waar. De Heilige Geest is inderdaad een Persoon, maar Hij kan op meerdere plaatsen tegelijk aanwezig zijn. Als een Persoon van de Drie-eenheid (Vader, Zoon en Heilige Geest) heeft de Heilige Geest geen beperkingen zoals tijd of ruimte zoals mensen dat wel hebben. Daarom kan de Heilige Geest gelijktijdig aanwezig zijn bij alle gelovigen over de hele wereld. Deze alomtegenwoordigheid van de Heilige Geest wordt in de Bijbel benadrukt, waar Hij overal aanwezig is en Zijn werk kan verrichten in het leven van gelovigen, ongeacht waar ze zich bevinden.

2. De profetie van Joël voorspelde dat in de laatste dagen Gods Geest wordt uitgestort op alle mensen, ongeacht leeftijd of geslacht. Dit zorgt voor profetieën, visioenen en dromen, en allen die de naam van de Heer aanroepen zullen zalig worden.

3. Ezechiël 36:25-27 beschrijft hoe God de mens reinigt door water (symbolisch voor wedergeboorte door de doop), een nieuw hart geeft, en Zijn Geest binnenin hem plaatst. Hierdoor wordt het mogelijk voor de gelovige om in Gods verordeningen te wandelen en Zijn geboden te gehoorzamen. De Heilige Geest zal dus doen waar de wet van Mozes niet voor kon zorgen, namelijk rechtvaardigheid.

4. Door de Geest te leven betekent het gehoorzamen aan de leiding van de Heilige Geest, wat ons bevrijdt van de zonde en ons in staat stelt om een leven van gerechtigheid te leven. Naar het vlees te leven betekent dat wij vastzitten in de zonde en in de werken van het vlees.

5. Het leven door de Geest leidt tot vrijheid, geeft kracht en het is de Heilige Geest die jou leidt en helpt. Het leven door de wet van Mozes brengt veroordeling, richt zich op jouw eigen inspanningen en leidt tot slavernij aan de wet.

6. Het denken van het vlees verwijst naar jouw eigen ik en de zonde en is gericht op wereldse verlangens zonder Gods wil. Het is vijandig tegenover God en leidt tot de geestelijke dood.

Het denken van de Geest is geleid door de Heilige Geest, gericht op gehoorzaamheid aan Gods wil, liefde, vrede en rechtvaardigheid, wat leidt tot leven en vrede.

7. Door de wedergeboorte komt de menselijke geest tot leven en wordt deze verenigt met de Heilige Geest. Hierdoor wordt de gelovige nieuw. Door wedergeboorte ontvangen we het vermogen om door de Geest te leven, gehoorzaam aan Gods wil en worden we geleid om rechtvaardig te leven. We ontvangen de Heilige Geest namelijk tijdens de wedergeboorte.

8. Omdat de Heilige Geest ons alleen kan leiden als wij Hem de ruimte geven in ons leven. Wanneer wij besluiten om niet naar de Heilige Geest te luisteren, zal Hij ons ook niet kunnen helpen.

9. Door actief de Heilige Geest toe te staan ons leven te leiden, de Bijbel te bestuderen met Zijn leiding, gehoorzaam te zijn aan Zijn instructies en te streven naar een relatie die ons steeds meer op Christus doet lijken. Wij moeten met een open hart luisteren naar Gods Geest en bereid zijn om Hem te gehoorzamen.

10. Romeinen 8:12-13 zegt: '*Welnu, broeders, wij zijn aan het vlees niet verplicht om naar het vlees te leven. Want als u naar het vlees leeft, zult u sterven. Als u echter door de Geest de daden van het lichaam doodt, zult u leven.*' De Heilige Geest leidt ons weg van zondige daden door ons te helpen het vlees te doden, wat betekent dat we de neigingen en verlangens van onze zondige natuur afwijzen en niet toegeven aan zonde. Door de Geest kunnen we zo in overeenstemming met Gods wil leven.

11. Niet waar. Volgens Romeinen 8:5-8 zijn het denken van het vlees en het denken van de Geest tegengesteld en kunnen niet samengaan. Mensen die naar het vlees leven, kunnen God niet behagen. De Geest leidt ons naar gehoorzaamheid, terwijl het vlees gericht is op egoïstische verlangens die vijandschap tegen God zijn.

12. Het betekent dat onze menselijke natuur, gericht op onze eigen verlangens en zonde, geen rechtvaardigheid kan brengen. De woorden van Jezus, deze zijn geestelijk en levend, kunnen alleen begrepen worden door de Heilige Geest. Het vlees, zonder God, leidt niet tot eeuwig leven of ware vervulling.

13. Galaten 5:22: *'De vrucht van de Geest is echter: liefde, blijdschap, vrede, geduld, vriendelijkheid, goedheid, geloof, zachtmoedigheid, zelfbeheersing.'*

14. De vrucht van de Geest kan niet verdiend worden door onze eigen werken, maar wordt gegeven door de Heilige Geest. Het ontstaat door een relatie met en gehoorzaamheid aan de Heilige Geest, niet door menselijke inspanning. Het is de Geest die het ons geeft, en samen met de Geest mogen wij deze vrucht laten groeien.

15. De vrucht van de Geest groeit in ons leven na onze bekering. Het vraagt tijd en toewijding om deze vrucht volledig te ontwikkelen. Dit betekent dus dat de vrucht van de Geest niet gelijk volgroeid is bij onze bekering. We groeien in de vrucht van de Geest door in Christus te blijven en gehoorzaam te zijn aan de Heilige Geest.

16. In Christus blijven betekent verbonden zijn met Hem door geloof en gehoorzaamheid. Deze relatie helpt bij het ontwikkelen van de vrucht van de Geest omdat we afhankelijk zijn van Gods genade en de leiding van de Heilige Geest. Wij besluiten in Hem te blijven en Zijn woorden in ons te laten wonen. Gehoorzaamheid aan Christus en op Hem gericht blijven laat de vrucht van de Geest groeien in ons leven.

17. Spreken in tongentaal bouwt de eigen geest op en richt ons meer op de geest en rechtvaardigheid, minder op het vlees en zonde.

18. Dit staat namelijk in Markus 16:17: *'En hen die geloofd zullen hebben, zullen deze tekenen volgen: in Mijn Naam zullen zij demonen uitdrijven; in vreemde talen zullen zij spreken.'* Jezus

sprak over allen die geloven. Iedere gelovige heeft het nodig om te kunnen spreken in tongentaal, omdat dit de gelovige opbouwt.

19. De eerste is de tongentaal voor de opbouw van de gemeente en deze moet vertaald worden. Deze is bedoeld om anderen op te bouwen. De tweede is de tongentaal voor persoonlijke opbouw en is een directe verbinding tussen de geest van de gelovige en God. Deze wordt gebruikt om de gelovige zelf op te bouwen.

20. Tip 1: Vraag God om deze gave.
Tip 2: Aanbid God zonder afleiding.
Tip 3: Open je mond en begin te spreken.
Tip 4: Zoek steun bij andere gelovigen die deze gave al hebben ontvangen en vraag om hulp.
Tip 5: Zorg ervoor dat je alle stappen van de wedergeboorte hebt doorlopen.
Tip 6: Blijf in geloof staan, ook al duurt het even.
Tip 7: Wanneer je in tongentaal spreekt, blijf dan regelmatig in tongen spreken.

H15 GELOVEN IN DE GENADE

Sleutel 10: Ontvangen door geloof
1. Wat is geloven volgens Hebreeën 11:1?

2. Hoe ontvangen we Gods rechtvaardigheid volgens Romeinen 3:21-28?

3. Waar of niet waar. Geloof is afwachtend. Leg jouw antwoord uit.

4. Wat betekent 'homologeo' in Romeinen 10:10?

5. Hoe kunnen wij geloof ontvangen?

6. Wat is het verschil tussen geloven en het doen van de werken van de wet?

7. Noem een aantal voorbeelden uit het Oude Testament van mensen die in God geloofden. Geef aan hoe dit geloof zichtbaar was.

8. Waarom moet je niet roemen in jouw eigen prestaties, maar moet je roemen in de prestaties van Jezus Christus?

Sleutel 11: Genade en geloof: hand in hand
9. Wat is de relatie tussen genade en geloven?

10. Waarom is Gods genade alleen niet genoeg om rechtvaardig te worden?

11. Waarom is het belangrijk om Gods Woord te bestuderen en te weten waarin God ons wil zegenen?

12. Wat betekent het dat Gods genade aan alle mensen is verschenen?

13. Waar of niet waar. Alles kan gebeuren wanneer jij ervoor in gelooft staat. Leg jouw antwoord uit.

14. Waarom is het belangrijk om geloof te hebben zonder te twijfelen in je hart?

15. Hoe zorgen wij ervoor dat er geen twijfels of ongeloof komt in ons hart?

Sleutel 12: Volharden in de genade

16. Leg de samenwerking tussen geloven, genade en volharding uit met behulp van een handdruk.

17. Noem vier reacties die plaatsvonden in de gelijkenis van de zaaier.

18. Wat vertegenwoordigt de 'steenachtige grond' in de gelijkenis van de zaaier?

19. Wat belooft Hebreeën 10:36 ons als wij volharden in geloof?

20. Waar of niet waar. Alle beloften die Jezus in de Bijbel doet aan de gelovigen, wil Hij vervullen. Jezus zegt nooit nee. Leg jouw antwoord uit.

21. Wat zegt Mattheüs 24:13 met betrekking tot volharding in het geloof?

22. Wat betekent 'de vreugde van de HEERE is uw kracht' in Nehemia 8:11b?

23. Waarom is het belangrijk om altijd te beseffen dat dit leven tijdelijk is en het toekomstig leven eeuwig?

Discussie- en toepassingsvragen

1. Zijn er in jouw leven gebedsverzoeken geweest waarbij er volharding nodig was om het te verkrijgen? Hoe was dit?

2. Waarom vindt God geloven zo belangrijk?

3. Lees de gelijkenis van de zaaier in Mattheüs 13. Met welke grondsoort kan jij jouw eigen leven het beste vergelijken? Waaruit blijkt dat?

4. Leg aan iemand uit hoe geloof, genade en volharding hand in hand gaan, en waarom God met geloof, genade en volharding werkt.

5. Leer de volgende Bijbeltekst uit je hoofd:
'Het geloof nu is een vaste grond van de dingen die men hoopt, en een bewijs van de zaken die men niet ziet.' (Hebreeën 11:1)

Antwoorden

1. Hebreeën 11:1 laat zien dat geloven een vaste grond is van de dingen die men hoopt, en een bewijs van de zaken die men niet ziet. Geloven is dus een zekerheid.

2. Volgens Romeinen 3:21-28 ontvangen we Gods rechtvaardigheid door het geloof in Jezus Christus, los van werken van de wet. Deze rechtvaardiging komt door geloof in Jezus Zijn verzoenende offer. Hierdoor rechtvaardigt God gelovigen, onafhankelijk van hun eigen prestaties volgens de wet van Mozes.

3. Niet waar. Geloof is niet afwachtend maar actief en werkzaam. Het drijft gelovigen tot gehoorzaamheid aan God en leidt tot handelingen die voortkomen uit vertrouwen in Zijn beloften. Geloof is een krachtige overtuiging die actie onderneemt.

4. 'Homologeo' in Romeinen 10:10 betekent 'hetzelfde zeggen'. Het verwijst naar het belijden of uitspreken van dezelfde dingen die God ook zegt of belooft. Dit betekent dat we Gods Woord en beloften erkennen en ermee instemmen in onze uitspraken.

5. Wij ontvangen geloof door het woord van God te horen. Dit kan komen door Bijbel te lezen, te luisteren naar geloofsprediking of te luisteren naar getuigenissen van anderen. Als wij zien dat God in het leven van andere wil werken, dan weten wij dat Hij ook in ons leven wil werken.

6. Het verschil tussen geloven en werken van de wet is dat geloven in Jezus Christus leidt tot rechtvaardigheid zonder dat het onze eigen verdienste is. Werken van de wet proberen daarentegen rechtvaardigheid te verdienen door naleving van wetten, wat niet mogelijk is zonder geloof in Jezus Zijn verlossingswerk.

7. In het Oude Testament zijn er vele voorbeelden van mensen die geloofden in God. Bijvoorbeeld:

- Abraham. Hij geloofde Gods belofte van een nageslacht en vertrok naar het land dat God hem zou wijzen (Genesis 12:1-4).
- Mozes. Hij vertrouwde op Gods leiding om het volk Israël uit Egypte te leiden, ondanks tegenslagen (Exodus 3-4).
- Jozua en Kaleb. Zij geloofden dat God hen het beloofde land zou geven, ondanks de reuzen en obstakels (Numeri 13-14).
Dit geloof was zichtbaar door hun gehoorzaamheid aan Gods leiding, zelfs in moeilijke omstandigheden.

8. Je moet niet op je eigen prestaties roemen, maar roemen in de prestaties van Jezus, omdat onze eigen inspanningen nooit voldoende zijn voor rechtvaardigheid. Jezus Zijn offer aan het kruis heeft ons wijsheid, gerechtigheid, heiliging en verlossing gebracht. Door op Hem te vertrouwen, erkennen we dat alleen Zijn werk ons rechtvaardigt voor God, niet onze eigen verdiensten.

9. Genade en geloven gaan hand in hand. Genade is Gods onverdiende gunst die ons redding en zegeningen schenkt. Geloof is ons vertrouwen en ontvangst van Gods genadevolle gaven. Samen vormen genade en geloof de basis waarop we gerechtvaardigd worden en Gods zegeningen ontvangen.

10. Gods genade alleen is niet genoeg om rechtvaardig te worden, omdat rechtvaardiging vereist dat we Gods genadegaven door geloof ontvangen. Geloof is het actieve element waarmee we Gods genade accepteren. Zonder geloof blijft Gods genade onbenut. Rechtvaardiging komt tot stand door zowel Gods genade als ons geloof.

11. Het is belangrijk om Gods Woord te bestuderen om te begrijpen waarin God ons wil zegenen en om Zijn beloften te kennen. Dit geeft ons inzicht in Zijn wil en maakt ons bewust van de zegeningen die Hij voor ons heeft. Zo kunnen we gericht bidden en dit in geloof ontvangen.

12. Wanneer de Bijbel zegt dat Gods genade aan alle mensen is verschenen (Titus 2:11), betekent dit dat Gods genadige aanbod van redding en vergeving voor iedereen beschikbaar is. Het is

een universele uitnodiging tot verlossing door Jezus Christus, ongeacht achtergrond, zonden of verdiensten. Dit biedt hoop en mogelijkheid tot eeuwig leven. Mensen kunnen deze genade-gave ontvangen door geloof.

13. Niet waar. God heeft ons namelijk autoriteitsgebieden ge-geven. Wij kunnen en mogen niet overal voor in geloof staan. Ons geloof moet gebaseerd zijn op Gods Woord en Gods prin-cipes.

14. Het is belangrijk om geloof zonder twijfels te hebben, omdat twijfel de kracht van geloof kan ondermijnen. Onwankelbaar geloof in Gods beloften brengt zekerheid en hierdoor ontvang je datgeen wat je gevraagd had. Twijfel kan het vertrouwen in Gods goedheid en macht verzwakken, wat de ontvangst van Zijn zegeningen kan beïnvloeden.

15. We kunnen twijfels vermijden door ons te richten op Gods Woord en beloften, ons geloof te voeden met gebed en omgang met andere gelovigen, en onze gedachten actief te richten op Gods waarheid en dankbaarheid. Ook het nadenken over eer-dere zegeningen die God aan ons heeft gegeven zorgt ervoor dat wij twijfels kunnen afbreken.

16. Genade is Gods uitgestoken hand; geloof is onze hand die Gods genade ontvangt; volharding is het vasthouden van die handdruk, ongeacht de omstandigheden.

17. In de gelijkenis van de zaaier zijn de reacties op het gezaaide zaad vier verschillende soorten grond: langs de weg (zaad op-gegeten door vogels), op rotsachtige grond (snel gegroeid, maar verdort door gebrek aan vocht), tussen de dorens (verstikt door zorgen en rijkdom), en op goede grond (vruchtbaar en opbren-gend). Deze reacties symboliseren verschillende manieren waarop mensen Gods Woord ontvangen en erop reageren.

18. De 'steenachtige grond' in de gelijkenis van de zaaier ver-tegenwoordigt mensen die het Woord van God met vreugde ont-vangen, maar geen diepe wortels hebben. Wanneer ze

geconfronteerd worden met moeilijkheden of vervolging, geven ze snel op. Dit laat oppervlakkig geloof zien dat niet standhoudt onder druk.

19. Hebreeën 10:36 belooft dat als we volharden in geloof en de wil van God doen, we zullen ontvangen wat Hij heeft beloofd. Dit omvat Gods zegeningen, vervulling van beloften en uiteindelijk het eeuwige leven in de hemel.

20. Waar. In de Bijbel staat namelijk dat al Gods beloften in Christus ja en amen zijn. 2 Korinthe 1:20: '*Immers, zovele beloften van God als er zijn, die zijn in Hem ja en in Hem amen, tot verheerlijking van God door ons.*'

21. Mattheüs 24:13: '*Maar wie volharden zal tot het einde, die zal zalig worden.*' Deze tekst benadrukt het belang van volharding in het geloof tot het einde van ons leven. Het betekent standvastig blijven, zelfs in moeilijke tijden, om uiteindelijk de beloning van eeuwig leven te ontvangen.

22. De uitdrukking 'de vreugde van de HEERE is uw kracht' betekent dat de blijdschap die voortkomt uit de relatie met God ons innerlijke kracht geeft. Door vreugdevol in de Heer te zijn, worden we gesterkt en kunnen we standhouden in moeilijke omstandigheden. Door de vreugde van God kunnen wij volharden.

23. Het is belangrijk om te beseffen dat dit leven tijdelijk is en het toekomstige leven eeuwig, omdat dit ons helpt onze prioriteiten te stellen op zaken van eeuwige waarde. Het perspectief op de eeuwigheid moedigt aan om te investeren in geestelijke groei en het Koninkrijk van God, boven tijdelijke zorgen en pleziertjes.

H16 GODS GENADE DOORGEVEN

Sleutel 13: De wet van Christus

1. Wat zijn de twee geboden die het hele doel van de wet van Mozes vervullen volgens het Nieuwe Testament?

2. Hoe kan je wandelen in de wet van Christus?

3. Wat zegt Galaten 5:14 over de wet?

4. Hoe kunnen wij elkaars lasten dragen zoals Galaten 6:2 ons gebied?

5. 1 Korinthe 14 beschrijft wat liefde is. Vat in je eigen woorden samen wat liefde is.

6. Waarom is wandelen in liefde belangrijk voor gelovigen?

7. Hoe wordt ons geleerd om met anderen om te gaan in Mattheüs 7:12?

8. Met wat wordt de gemeente vergeleken in 1 Korinthe 12 en waarom?

Sleutel 14: Vergeef de mensen

9. Waarom is het belangrijk om mensen te vergeven?

10. Wat is de betekenis van vergeving?

11. Waar of niet waar. We moeten iedereen vergeven, en moeten altijd dezelfde relatie met diegene onderhouden als voor de vergeving. Leg jouw antwoord uit.

12. Wat is de boodschap van de gelijkenis van de onbarmhartige knecht?

13. Hoe moeten wij elkaar behandelen volgens Efeze 4:32?

14. Wat zijn de gevolgen van het niet vergeven van anderen volgens Mattheüs 6:14-15?

15. Wat zijn de voordelen om anderen te vergeven en om vergevingsgezind te zijn?

Sleutel 15: Delen in de goedheid van God

16. Noem een voorbeeld uit de Bijbel waar iemand de liefde en noodzaak voelde om zijn bezittingen te delen met anderen.

17. Waar of niet waar. Geld is volgens de Bijbel altijd verkeerd. Leg jouw antwoord uit.

18. Wat leert Jezus ons over het gebruik van geld in de gelijkenis van de onrechtvaardige rentmeester?

19. Wat gebeurt er als we de goedheid en genade van God delen met anderen?

20. Waar of niet waar. Genezingen en bevrijdingen moeten wij gratis uitdelen. Leg jouw antwoord uit.

21. Wat wordt bedoeld met 'waterstromen' en 'opbergpotten' in de context van Gods zegeningen?

22. Wat is het gevaar om alleen te bidden voor de noden van anderen zonder daadwerkelijk praktisch te helpen?

Discussie- en toepassingsvragen

1. Zijn er mensen in jouw omgeving die jij nog moet vergeven? Maak een lijstje van degene die je moet vergeven, en vergeef hen.

2. Vind jij het moeilijk of makkelijk om Gods liefde te laten zien aan de mensen om jou heen? En hoe kunnen mensen Gods liefde zien in jouw leven?

3. Geef jij wel eens geld aan bedieningen, kerken of Christelijke goede doelen? Waarom wel of niet?

4. Beschouw jij jezelf als een waterstroom waarbij Gods zegen door jou heen stroomt naar anderen, of een opbergpot waardoor Gods zegen alleen in jouw leven actief is?

5. leer de volgende Bijbeltekst uit je hoofd:
'Alles dan wat u wilt dat de mensen u doen, doet u hun ook zo, want dat is de Wet en de Profeten.' (Mattheüs 7:12)

Antwoorden

1. Het eerste is om de Heere, uw God, lief te hebben met heel uw hart, ziel en verstand. Het tweede is om uw naaste lief te hebben als uzelf (Mattheüs 22:35-40).

2. Wandelen in de wet van Christus betekent liefdevol leven, zoals Jezus deed. Het houdt in dat je God en anderen liefhebt met heel je hart, ziel en verstand. Door liefde als leidraad te nemen in al je relaties en handelingen, vervul je de wet van Christus en weerspiegel je Zijn karakter.

3. Galaten 5:14: '*Want de hele wet wordt in één woord vervuld, namelijk hierin: U zult uw naaste liefhebben als uzelf.*' Hiermee wordt benadrukt dat liefde voor anderen de vervulling van de wet is. Door anderen lief te hebben zoals we onszelf liefhebben, vervullen we de geboden van God.

4. Elkaars lasten dragen, zoals Galaten 6:2 ons opdraagt, betekent elkaar ondersteunen in moeilijke tijden. Het gaat om praktische hulp bieden, zowel emotioneel als fysiek, wanneer anderen door uitdagingen gaan. Door medeleven te tonen en actief te helpen, dragen we elkaars lasten en tonen we Jezus Zijn liefde in onze daden.

5. Liefde, zoals beschreven in 1 Korinthe 13, is geduldig en vriendelijk, zonder jaloezie of trots. Het zoekt niet zijn eigen belang en is niet verbitterd. Liefde verheugt zich over waarheid, beschermt en gelooft altijd. Het is standvastig, hoopvol en kan alles verdragen. Ware liefde is blijvend en onvergankelijk.

6. Wandelen in liefde is belangrijk voor gelovigen omdat het ons verbindt met Gods karakter en wil. Liefde is het fundament van alle geboden en vervult de wet. Het getuigt van ons geloof en brengt eenheid en vrede in onze relaties, wat Gods koninkrijk op aarde weerspiegelt.

7. Mattheüs 7:12 leert ons om anderen te behandelen zoals we zelf behandeld willen worden. Door anderen liefdevol en eerlijk

111

te behandelen, tonen we Gods liefde en getuigen we van Zijn koninkrijk.

8. In 1 Korinthe 12 wordt de gemeente vergeleken met een lichaam. Dit beeld laat de onderlinge afhankelijkheid van gelovigen binnen de gemeente zien. Net zoals verschillende lichaamsdelen samenwerken voor een gezond lichaam, zo moeten gelovigen binnen de gemeente samenwerken en voor elkaar zorgen. Ze zijn allemaal verbonden in Christus en dienen elkaar met liefde en zorg.

9. Vergeving is belangrijk omdat God ons door Jezus Christus vergeven heeft. Door anderen te vergeven, volgen we Zijn voorbeeld en openen we ons hart voor Gods genade en vergeving. Dit proces bevrijdt ons van wrok en bitterheid, versterkt onze relaties, waardoor we in liefde en vrede kunnen wandelen. Daarnaast kan God alleen ons vergeven, wanneer wij anderen hebben vergeven.

10. Vergeving betekent het kwijtschelden van (morele) schuld en het loslaten van wraakgevoelens tegenover iemand die ons onrecht heeft aangedaan.

11. Niet waar. Het klopt dat wij iedereen moeten vergeven, maar dit betekent niet dat we dezelfde relatie hoeven te onderhouden. Je kunt ook iemand vergeven en besluiten om afstand van diegene te nemen. Denk bijvoorbeeld aan iemand die jou continu aan het mishandelen is of misbruikt. Je hoeft niet elke keer mishandeld te worden.

12. De boodschap van de gelijkenis van de onbarmhartige knecht is dat we, net zoals God ons overvloedig heeft vergeven, ook anderen moeten vergeven. Als we dit niet doen, weerspiegelt dat een onbarmhartig hart, wat Gods vergeving voor ons in gevaar brengt. Vergeving bevrijdt ons van wrok en brengt ons in lijn met Gods rechtvaardigheid en genade. Als wij anderen niet kunnen vergeven, kan God ons niet vergeven.

13. Efeze 4:32: '*maar wees ten opzichte van elkaar vriendelijk en barmhartig, en vergeef elkaar, zoals ook God in Christus u vergeven heeft.*' Wij moeten dus vriendelijk en barmhartig zijn en elkaar vergeven.

14. Mattheüs 6:14-15: '*Want als u de mensen hun overtredingen vergeeft, zal uw hemelse Vader u ook vergeven. Maar als u de mensen hun overtredingen niet vergeeft, zal uw Vader uw overtredingen ook niet vergeven.*' Wanneer wij dus mensen niet vergeven, zal God ons niet vergeven.

15. De voordelen van het vergeven van anderen zijn dat God ons kan vergeven, we vrede in ons hart ervaren, ons welzijn en onze relatie met God verbeteren, en onze relaties op aarde kunnen herstellen. Door te vergeven worden we gelukkiger op aarde.

16. Een voorbeeld is de kerk van Handelingen, waar allen die geloofden, alles gemeenschappelijk hadden en hun bezittingen en eigendommen verkochten om te verdelen naar ieders behoefte (Handelingen 2:44-45). Er zijn ook andere voorbeelden in de Bijbel te vinden.

17. Niet waar. Het klopt dat geldzucht, gierigheid en het vertrouwen op geld verkeerd is. Maar geld is een neutraal middel. Je kan ook goede dingen met geld doen, zoals geld geven om armen te voeden, of geld geven om het koninkrijk van God te verspreiden.

18. Jezus leert ons om vrienden te maken met behulp van geld, zodat zij ons zullen ontvangen in eeuwige tenten als wij gebrek hebben (Lukas 16:9).

19. Wanneer wij Gods goedheid en genade doorgeven aan anderen, ervaren anderen de liefde van God. Ze zullen dus God ervaren. Dit kan er toe leiden dat mensen tot geloof komen, omdat zij Gods liefde in jou proeven.

20. Waar. Mattheüs 10:8: '*Genees zieken, reinig melaatsen, wek doden op, drijf demonen uit. U hebt het voor niets ontvangen, geef het voor niets.*' God heeft ons die gaven gratis gegeven en dit betekent dat wij deze gaven ook gratis mogen uitdelen.

21. Waterstromen staan symbool voor het continu doorgeven van Gods zegeningen aan anderen, terwijl opbergpotten symbool staan voor het beperkt zijn in hun capaciteit om gezegend te worden, omdat ze de zegeningen vasthouden in plaats van door te geven. Wanneer je de zegen niet doorgeeft, kan je ook minder zegeningen ontvangen. Jij bent bedoeld om Gods zegen door te geven.

22. Het gevaar van alleen bidden voor de noden van anderen zonder praktisch te helpen is dat geloof zonder werken dood is. We moeten niet alleen bidden, maar ook actie ondernemen om in de noden van anderen te voorzien. Praktische hulp tonen laat Gods liefde zien, zoals beschreven in Jakobus 2:14-17.

H17 SLAAF VAN CHRISTUS

Samenvatting boek

1. Wat is het belangrijkste doel van de wet van Mozes?

2. Wat wordt er bedoeld met het leven in de schijnvrijheid, waar deel 2 van dit boek over ging?

3. Wat is de betekenis van genade in het leven van een gelovige?

Vrije slaven van Jezus Christus

4. Wat bedoelt Jezus met '*U bent Mijn vrienden, als u doet wat Ik u gebied*' volgens Johannes 15:14?

5. Wat zijn de drie 'slaafmeesters' of 'heren' die in het boek worden behandeld? Kan je ze alle drie kort omschrijven?

6. Hoe kunnen mensen zowel een slaaf als vriend van Jezus zijn?

Jezus: vol van genade

7. Wat is de rol van openbaringen in het begrijpen van Gods genade?

8. Waar of niet waar. Het is onmogelijk om Gods genade te doorgronden. Leg jouw antwoord uit.

Discussie- en toepassingsvragen

1. Hoe zou jij jouw relatie met God omschrijven? Wat voor begrippen komen er in jou op?

2. Wat vind jij ervan dat je zowel een slaaf van Christus als een vriend van Christus wordt genoemd?

3. Waarom kiezen mensen ervoor om niet Jezus als Heer aan te nemen, maar te leven onder de heerschappij van de duivel?

4. Leg in jouw eigen woorden uit hoe iemand wordt overgezet van het koninkrijk van de duisternis naar het koninkrijk van Jezus. Leg dit vervolgens aan iemand uit.

5. Leer de volgende Bijbeltekst uit je hoofd:
'U bent Mijn vrienden, als u doet wat Ik u gebied.' (Johannes 15:14)

Antwoorden

1. Het belangrijkste doel van de wet van Mozes is om de zonde te openbaren, tijdelijke verzoening door offerdiensten te brengen, en een beeld van God en Jezus te laten zien. De wet kon echter niemand rechtvaardig maken en was krachteloos vanwege de zondige natuur van de mens.

2. Leven in schijnvrijheid betekent dat mensen denken vrij te zijn, maar eigenlijk slaven zijn van de zonde en de duivel. Dit leven leidt tot schaamte, liefdeloosheid, geestelijke dood en uiteindelijk de hel, zonder verbond met God.

3. Genade is Gods gratis gift aan ons die we niet kunnen verdienen. Het maakt ons rechtvaardig voor God door geloof, dankzij het offer van Jezus Christus. Genade is de basis van onze rechtvaardigheid en ons nieuwe leven in Christus.

4. Jezus bedoelt dat ware vriendschap met Hem gepaard gaat met gehoorzaamheid aan Zijn geboden. Het is een vriendschap gebaseerd op een relatie waarin we Zijn wil volgen, wat leidt tot echte vrijheid.

5. De drie 'meesters' zijn: de wet van Mozes, de duivel en de dood, en Jezus. De wet van Mozes is streng en onvergevingsgezind, de duivel is een tiran die verwoesting wil brengen, en Jezus is een liefdevolle Heer die Zijn leven gaf om ons te redden.

6. Mensen kunnen zowel slaaf als vriend van Jezus zijn door Zijn geboden te gehoorzamen en het evangelie te verkondigen. Deze gehoorzaamheid maakt hen slaven van Zijn wil, maar Jezus noemt hen vrienden omdat Hij hen alles heeft bekendgemaakt wat Hij van de Vader heeft gehoord, wat leidt tot een diepere, intieme relatie gebaseerd op liefde en vertrouwen. Wij gehoorzamen Jezus en hebben tegelijkertijd een relatie met Jezus. Dit maakt ons zowel een slaaf als vriend van Jezus.

7. Openbaringen zijn belangrijk in het begrijpen van Gods genade. Door openbaringen weten wij wat God aan ons wil geven,

en kunnen wij rechtvaardig leven. Zonder openbaring weten wij niet wat God wil geven, en kunnen wij hier ook niet in geloof voor vragen.

8. Waar. Het is onmogelijk om Gods genade te doorgronden. Gods genade is zo groot, dat God de eeuwigheid nodig heeft om Zijn genade aan ons te laten zien. Efeze 2:7-8: '*Opdat Hij in de komende eeuwen de allesovertreffende rijkdom van Zijn genade zou bewijzen, door de goedertierenheid over ons in Christus Jezus. Want uit genade bent u zalig geworden, door het geloof, en dat niet uit u, het is de gave van God.*'

BIJLAGE 1: MOEILIJKE WETTEN

Rechtsregels

1. Wat zijn de twee grootste geboden volgens Jezus, en waarom zijn ze belangrijk?

2. Wat betekent het om God te vrezen?

3. Waar of niet waar. Een meester mocht zijn slaaf behandelen zoals hij zelf wilde. Leg jouw antwoord uit.

4. Welke vormen van gemeenschap zijn verboden volgens de wet van Mozes?

5. Wat maakte iemand onrein volgens de wetten van onreinheid?

6. Wat was de sabbat en waarom werd dit ingevoerd?

7. Wat was het jubeljaar en wat gebeurde er tijdens dit jaar?

8. Wat gebeurde er met een Hebreeuwse slaaf na zes jaar dienst?

Eredienst

9. Wat was het doel van het hefoffer? Noem ook twee redenen waarom het hefoffer werd gegeven.

10. Welke dieren konden worden geofferd bij een brandoffer en wat was het doel van dit offer?

11. Wat moest een zondaar doen voordat hij zijn zondoffer bracht en waarom?

12. Wat hield het nazireeërschap in en wat waren de regels die een nazireeër moest volgen?

13. Wat was het doel van de Grote Verzoendag en wat deed de hogepriester op deze dag?

Woonplaats van God

14. Wat waren de drie plaatsen waarin de tabernakel was ingedeeld en wie mochten in deze plaatsen komen?

15. Wat bevond zich in de ark van het verbond en wat was de functie van de ark?

16. Welke voorwerpen bevonden zich in het heilige?

Discussie- en toepassingsvragen

1. Bestudeer de voorwerpen die in de tabernakel stonden. Hoe lieten deze voorwerpen Jezus Christus zien volgens jou?

2. Wil jij dat de wet van Mozes met al zijn bepalingen en straffen wordt ingevoerd in Nederland?

3. Welke Israëlische feestdag vind jij het mooist en waarom?

4. Houd jij een rustdag (sabbat) en waarom wel of niet? Is iedere gelovige verplicht om de rustdag te houden?

5. Leer de volgende Bijbeltekst uit je hoofd:
'U zult de Heere, uw God, liefhebben met heel uw hart, met heel uw ziel en met heel uw verstand. Dit is het eerste en het grote gebod. En het tweede, hieraan gelijk, is: U zult uw naaste liefhebben als uzelf.' (Mattheüs 22:37-39)

Antwoorden

1. Jezus zei dat het grootste gebod is om God lief te hebben met heel je hart, ziel en verstand, en het tweede, eraan gelijk, is om je naaste lief te hebben als jezelf. Deze geboden zijn de grondslag voor alle andere geboden in de wet. Wanneer je je aan deze geboden houdt, leef je zoals God dat wilt.

2. God vrezen betekent respect hebben voor God, zijn geboden in acht nemen, en Hem in alles gehoorzamen met ontzag, wetende dat Hij alle macht en kennis heeft.

3. Niet waar. Een meester mocht zijn slaaf niet behandelen zoals hij wilde. De wet beschermde slaven tegen mishandeling. Als een meester zijn slaaf mishandelde, bijvoorbeeld door een oog of tand uit te slaan, moest hij de slaaf vrijlaten. Deze regels zorgden ervoor dat slaven menselijk en rechtvaardig behandeld werden volgens de wet van Mozes.

4. Hoererij, overspel, gemeenschap met naaste familieleden, hetzelfde geslacht, dieren, en vrouwen of mannen van andere volken waren verboden.

5. Iemand kon onrein worden door melaatsheid, vloeiingen uit het lichaam, contact met een onrein persoon of voorwerp, of contact met een dood lichaam of kadaver.

6. De sabbat was een dag van complete rust en aanbidding voor de Heer, waarop niemand mocht werken. Het was een zegen en een feestdag van God voor de mensen, en een periode van fysieke en geestelijke vernieuwing.

7. Het jubeljaar werd elk vijftigste jaar gevierd en markeerde de vrijlating van slaven en de terugkeer van verkocht land aan de oorspronkelijke eigenaren. Het was een tijd van herstel en rust.

8. Na zes jaar dienst moest een Hebreeuwse slaaf vrijgelaten worden zonder dat de slaaf iets hoefde te betalen. De meester moest hem zegenen met een deel van zijn bezit, zoals kleinvee, graan, en wijn, om een nieuwe start te maken. Dit systeem

zorgde ervoor dat de slaaf niet met lege handen vertrok, maar met middelen om zelfstandig te leven.

9. Het doel van het hefoffer was om iets af te zonderen en aan God te geven. Het werd gegeven als vrijwillige gaven, bijvoorbeeld voor de bouw en het onderhoud van de tabernakel, en bij wettig voorgeschreven gaven zoals het losgeld en de eerstelingen van het land.

10. Bij een brandoffer konden een rund, een schaap, een geit of een (tortel)duif worden geofferd. Het doel was verzoening te doen of als een vrijwillig geschenk aan God.

11. Een zondaar moest zijn hand op de kop van het dier leggen voordat het werd geslacht. Dit zorgde ervoor dat zijn zonde overging op het dier, waardoor hij verzoening ontving en het dier zijn plaats innam voor de straf van de zonde.

12. Het nazireeërschap was een gelofte van toewijding aan God voor een bepaalde tijd. Een nazireeër mocht geen alcohol of druivensap drinken, zijn hoofd niet scheren, en niet in contact komen met een dood lichaam.

13. Het doel van de Grote Verzoendag was om verzoening te doen voor het volk Israël. De hogepriester ging het heilige der heiligen binnen en sprenkelde bloed op de ark van het verbond als teken van verzoening tussen God en het volk.

14. De tabernakel was ingedeeld in het voorhof, het heilige en het heilige der heiligen. In het voorhof mocht iedere reine Israeliet komen en hier vonden de offerdiensten plaats. In het heilige mochten alleen priesters komen, en in het heilige der heiligen mocht alleen de hogepriester eenmaal per jaar komen tijdens de grote verzoendag.

15. In de ark van het verbond lagen de twee stenen tafelen van Mozes, een kruik met het manna en de staf van Aäron. De ark functioneerde als woonplaats van God, waar God aanwezig was.

16. In het heilige bevonden zich de tafel voor de toonbroden, de gouden kandelaar en het reukofferaltaar. De tafel voor de toonbroden droeg twaalf toonbroden en had verschillende schotels, schalen, kannen en kommen. De gouden kandelaar bestond uit een voetstuk met zeven aparte armen en zeven lampen die altijd moesten branden. Het reukofferaltaar werd door de priesters gebruikt om reukwerk te verbranden.

EINDVRAGEN

1. Maak een korte samenvatting van 200 tot 400 woorden over de inhoud van dit boek.

2. Wat zijn de mooiste lessen die je hebt meegekregen tijdens het bestuderen van dit boek? Noem er minimaal 3.

3. Heeft dit boek jouw kijk op de wet van Mozes veranderd?

4. Heeft dit boek jouw kijk op de zonde en Gods genade veranderd?

5. Welke vragen of overwegingen heeft het boek bij je opgeroepen die je graag verder zou willen onderzoeken?

6. Zou je dit boek aanbevelen bij anderen? Waarom wel of niet?

7. Vind je dat de wet van Mozes een belangrijk onderdeel is van de Bijbel en het geloofsleven? Heeft dit boek jouw standpunt veranderd?

8. Vind je dat de genade van God een belangrijk onderdeel is van de Bijbel en het geloofsleven? Heeft dit boek jouw standpunt veranderd?

9. Welke Bijbelverzen over Gods genade vind je het mooist en waarom?

10. Hoe kun jij het onderwijs over de wet en genade toepassen in jouw leven, zodat je elke dag wandelt in Gods genade?